EDITORA DO CONHECIMENTO

Auxiliando a humanidade a encontrar a Verdade

Mistérios e Magias do Tibete

Mistérios e Magias do Tibete

Chiang Sing

CONHECIMENTO EDITORIAL LTDA.
Rua Prof. Paulo Chaves, 276 - Vila Teixeira Marques
CEP 13480-970 – Limeira – SP
Fone/Fax: 19 3451-5440
www.edconhecimento.com.br

Edição de texto:
Maiza Prande Bernadello
Colaboraram nesta edição:
Antonio Rolando Lopes Júnior
Mariléa de Castro
Edu de Paula
Projeto gráfico:
Sérgio Carvalho

ISBN 978-85-7618-235-1 – 7ª Edição - 2011
• Impresso no Brasil • Presita en Brazilo

Dados Internacionais de Catalogação na Publicação (CIP)
(Câmara Brasileira do Livro, SP, Brasil)

Sing, Chiang, 1924-2002
Mistérios e Magias do Tibete / Chiang Sing – 7ª. edição –, Limeira, SP: Editora do Conhecimento, 2011. (Coleção: Pequenos e Notáveis - O livro de bolso da Conhecimento)

ISBN 978-85-7618-235-1

1. Ciências ocultas - China - Tibete 2. Tibete (China) - Descrições e viagens I Título. II Série.

05-9063 CDD – 915.15

Índice para catálogo sistemático:
1. Tibete : China : Descrições e viagens 915.15

Chiang Sing

Mistérios e Magias do Tibete

7ª edição
2011

PEQUENOS E NOTÁVEIS
O livro de bolso da Conhecimento

EDITORA DO CONHECIMENTO

Coleção "Pequenos e Notáveis" o livro de bolso da Conhecimento.
Títulos publicados:

- O Castelo Encantado
- Trilogia - Sob Império das Trevas:
  O Terrível Fantasma (livro 1)
  No Castelo Escocês (livro 2)
  Do Reino das Trevas (livro 3)
- Ksenia
- O Paraíso sem Adão
- Episódio da Vida de Tibério
- Narrativas Ocultas
- Mistérios e Magias do Tibete
- Nefertiti

Sumário

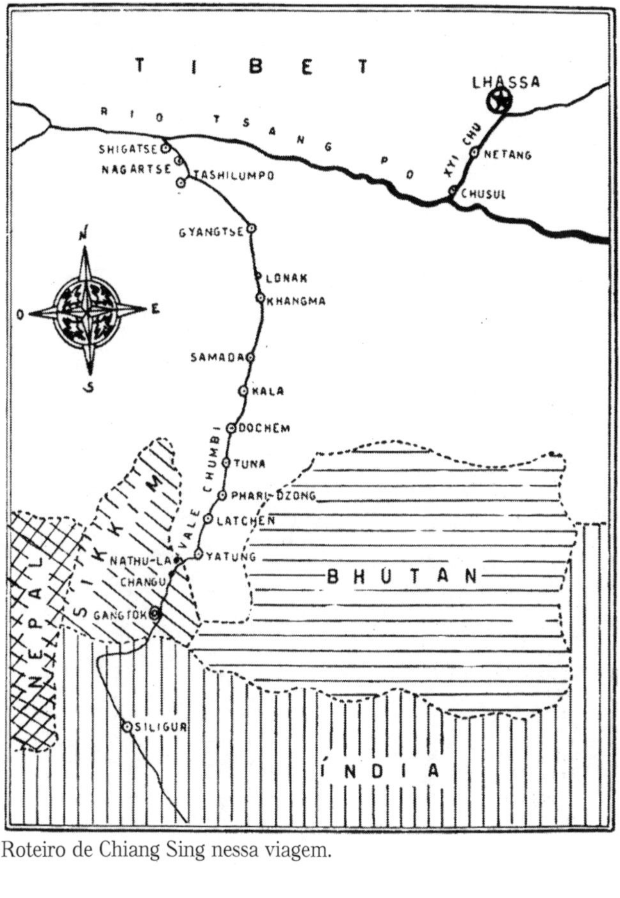

Roteiro de Chiang Sing nessa viagem.

Tibet

TIBET
CHINA
INDIA
XINJIANG
FAR-EAST TIBET
NORTHERN TIBET
EAST TIBET
FAR-WEST TIBET
WEST TIBET
CENTRAL
LHASA
SOUTHERN TIBET
GANSU
SICHUAN
YUNNAN
INDIA
NEPAL
BHUTAN
MYANMAR
LANZHOU
CHENGDU
KATHMANDU
THIMPHU
Chilen
Tianjun
Tsaka
Lake Kokonor
Ziling
Labrang
Chabcha
Repkong
Kermo
Mato
Tawo
Dzoge
Sershul
Jyekundo
Nangchen
Zungchu
Wenchuan
Barkham
Kandze
Derge
Drango
Riwoche
Chamdo
Sok
Tengchen
Draknak
Nakchu
Batang
Litang
Dartsedo
Pomda
Gartok
Rawok
Derong
Jol
Gyeltangteng
Lijang
Bayi
Gyama
Tsetang
Domar
Rutok
Senge Tsangpo
Napuk
Toling
Tsaparang
Mt Kailash
Purang
Luma Ringpo
Dungtso
Nyima
Mendong
Drongpa
Saga
Raga
Zhigatse
Shelkar
Gyantse
Tingkye
Mt Everest (8,848m)
Dram
N
0 km 100
0 miles 62

Introdução

TEMPOS atrás, quando publicamos no ***Diário de Notícias*** e nos ***Diários Associados***, do Rio, vários artigos sobre nossa viagem ao Tibete, muitos leitores nos escreveram, desejando saber como é a vida entre os lamas, como são seus templos, seus deuses e suas crenças. Naquela época ainda não tinham sido publicados os livros de Lobsang Rampa, e pouco se conhecia no Brasil sobre o Tibete.

Neste livro procuramos satisfazer essa benévola curiosidade. Fomos ao Oriente, em busca dos donos da sabedoria milenar e seus ensinamentos secretos. Durante essa busca, que durou três anos, viajamos pela China, Índia, Nepal e Tibete, entrevistando diversos místicos e magos desses longínquos países. Todavia, nesta obra focalizamos apenas a parte referente ao Tibete – o País das Neves, como é considerado por muitos, que dizem ser ele a pátria do mistério e do impossível.

Como introdução, citaremos alguns dados gerais, por certo já conhecidos pela maioria dos leitores, mas cuja repetição é sempre interessante.

Tibete é o nome de uma terra montanhosa na Ásia Central. O nome dado ao Tibete pelos seus primeiros habitantes é ***P'O*** ou ***BOD***, que significa o ***País das Neves***. Tem cerca de 1 milhão e 255 mil quilômetros quadrados, onde vivem atualmente 5 milhões de habitantes de origens étnicas as mais diferentes. Chineses, turcos, mongóis misturam-se com os habitantes *mon* aborígines de outras regiões e os remanescentes da invasão indo-ariana, que ocorreu na Índia milhares de anos atrás.

A população entrega-se à agricultura nos vales e à criação de cabras chamadas *Dzo*, de cavalos de várias raças e de um tipo de jumento muito forte, o *Kyang*, que é o grande veículo de transporte nos estreitos caminhos das montanhas.

Sabe-se que até ao século VII da nossa era, o Tibete vivia isolado dos seus vizinhos. A única religião era uma espécie de panteísmo mágico com sacrifícios oferecidos aos deuses que vagamente representam as forças na Natureza, e seres encantados. Esses seres encantados ou elementais têm grande semelhança com a crença e os ritos umbandistas do Brasil, na qual os verdadeiros orixás são sempre seres encantados que nunca encarnaram e os exus vêm a ser muito parecidos com os *Tisas*[1] – demônios ou semideuses tibetanos, que se alimentam do sangue dos animais sacrificados em sua homenagem.

No século VII reinava no Tibete, Srong Tsen-gampo, e esse rei, no decorrer de suas guerras de conquista, acabou casando-se com duas princesas: uma chinesa e outra nepalesa. Ambas eram budistas fervorosas, e conseguiram fazer com que o rei deixasse seus ritos sanguinários e se convertesse ao budismo. Srong Tsen-gampo resolveu então enviar um emissário especial à Índia, a fim de trazer livros e objetos sagrados. Esse emissário teve um papel de destaque na história cultural do Tibete, pois, além dos livros, trouxe consigo a gramática e o alfabeto. Mas foi um outro rei que

1 Nota do Editor: Essa visão a respeito dos exus, não corresponde à realidade da umbanda, em que os exus se encontram trabalhando na seara de redenção do bem, atuando nas diversas linhas, em tarefas especializadas, proporcionando sua ascensão espiritual. A esse respeito, ver a obra: *Umbanda, essa Desconhecida*, de Roger Feraudy, **EDITORA DO CONHECIMENTO**.

trouxe para o Tibete o célebre sábio budista Padma Sambhava, da Universidade de Nalanda, na Índia. No ano 747 foi para o Tibete com suas duas esposas. Foi ele o grande instrutor da religião tibetana e tornou-se conhecido como o Guru Rimpoche. Tinha grandes poderes místicos e conseguiu dominar os feiticeiros ***Bon***. Sendo uma religião de total tolerância, admite o budismo no seu panteão as mais diversas divindades tibetanas, disso resultando um sincretismo religioso, que constitui a escola Vajra-Yana, isto é, o lamaísmo. Essa religião caracteriza-se pela mistura de ritos mágicos e cerimônias que produzem verdadeiros milagres.

Um terço da população masculina do Tibete pertence ao sacerdócio.[2]

O Dalai-lama é o seu chefe simbólico e corresponde ao Papa. Diz a tradição que até bem pouco tempo viviam no Tibete os ***Senhores do Conhecimento Secreto***, os misteriosos sábios que possuem em seus arquivos a verdadeira história dos lendários continentes desaparecidos: Lemúria e Atlântida – bem como a história da Humanidade futura, da qual eles tiveram uma bela visão intuitiva. Diz outra tradição oriental que esses sábios viveriam no Tibete enquanto os estrangeiros não invadissem o seu país. Sem dúvida, esse deve ser o verdadeiro motivo pelo qual o Tibete foi uma terra inacessível para os estrangeiros durante séculos.

Com a invasão do Tibete em maio de 1950, provavelmente esses sábios misteriosos deixaram o Teto do Mundo, pois sabiam que isso seria o sinal de que o ciclo da evolução tinha mudado para o Ocidente.

Essa invasão do Tibete foi prevista pelos ***tsipas*** ou astrólogos tibetanos no ano de 1850 e escrita num documento intitulado ***Fatos que ocorrerão no ano do Dragão da Madeira***. Em 1904, o documento foi visto pelo Coronel Younghusband – chefe das tropas britânicas que regiam o Tibete. E nesse curioso documento – diz Sir Charles Bell – encontram-se previstas as 1ª e a 2ª Grandes Guerras; a

---

2 Isso era assim antes da invasão chinesa em 1950.

morte do 13º Dalai no ano de 1924, o ocaso do misticismo tibetano e finalmente a invasão do Tibete pelos ***Filhos da Fênix Vermelha*** (comunistas) em 1950. Diz ainda que "a luz da sabedoria voltará a brilhar no Ocidente, e em especial na terra de ***O Fu Sang***".

Como sabemos, o Tibete foi invadido pelas tropas comunistas chinesas em 1950, tendo o 14º Dalai-lama, que reinava na ocasião, fugido para a Índia. E, como a primeira parte da profecia já se realizou, é lícito esperar que a segunda também venha a se tornar realidade. Isto é, que a grande luz espiritual passe a resplandecer no Ocidente.

Durante minhas andanças pelo Tibete, fui testemunha de acontecimentos raros. Entrei em contato com um povo estranho e misterioso e tive a felicidade de encontrar meu guru, o lama Dawa Kazi, que me iniciou no segredo das Chamas Cósmicas. Naquela época, as Chamas Cósmicas eram completamente secretas, mas hoje, com a vinda da Era de Aquário, esses e outros conhecimentos são divulgados no Ocidente pela FEEU, ou Fraternidade Educacional e Editorial Universalista, da qual tenho a honra de fazer parte.

Muitas são as pessoas incrédulas que ainda hoje me perguntam:

– Mas... Você viu mesmo tudo o que diz neste livro?

Minha resposta é sempre a mesma:

– É claro que vi! Somente não posso afirmar se foi com meus olhos físicos ou meus olhos espirituais.

Ouso dizer ainda, para refrescar a memória dos amados leitores, que, tal como diz o velho ***Shan Hai King*** ou ***Livro das Terras e Mares***: "As coisas que o homem conhece verdadeiramente não podem ser comparadas em número com as que lhe são desconhecidas..."

Chiang Sing

Refúgio Tranqüilo
18º dia do 5º mês do orvalho claro
Ano da Ovelha
Vigília das Cinco Estrelas

1

Prelúdio de uma longa experiência – O palácio do rajá Dorge – Primeiro contato com a terra e o povo de Sikkim – A festa das flautas pastoris – A verdade sobre a suástica – O buda vivo de Sikkim e suas declarações proféticas – A sagrada festa de Wesak

O palácio do rajá Dorge

O trem atravessou as planícies de Bengala, aos pés dos montes Himalaia, e penetrou em solo nepalês. Uma chuva fina e persistente começava a cair cobrindo a paisagem brumosa. As árvores, ao longe, eram quase invisíveis naquela feia tarde de inverno. Era o 25° dia do 3° mês do ano do Búfalo.

Siligur, nossa última etapa indiana, já estava a mais de duas horas de distância. No vagão do trem em que viajávamos, transitavam pessoas dos mais estranhos aspectos. Ora um camponês com um vasto cesto de cereais, ora um grupo de moças e rapazes indianos, que iam gozar os esportes de inverno no clima gelado de Gangtok. Um garçom indiano, de pele bronzeada, túnica branca e turbante vermelho, servia chá aos viajantes. Bebemos a infusão leve e dourada, enquanto olhávamos as curiosas paisagens que se sucediam pela janela do trem.

Havia quase dois anos que eu deixara meu cargo jornalístico na Embaixada da China no Brasil e, graças a uma bolsa de estudos, seguira para Los Angeles, como correspondente internacional do ***Diário de Notícias*** no Rio, seguindo depois para Hong-Kong, Xangai e Pequim, onde ingressaria numa universidade para me especializar em sinologia. Mas, com o início da guerra civil na China, saí às pressas de Pequim e fui para a Índia. Lá, encontrei o dr. Ananda Vessantara e sua esposa, Mahima, a quem fora recomendada pelo Ministro Koo, ex-embaixador da China no Brasil.

Com o casal Vessantara, viajei através da Índia, ficando algum tempo nas grandes cidades: Bombaim, Ellora Ajanta, Calcutá, Khajurao, Jaipur, Agra, Nova Deli, Srinagar e Ladak, em Caxemira. Visitamos a colorida Peshawar, com seus palácios de mármore perdidos na selva, verdadeiras maravilhas das Mil-e-Uma-Noites.

Nesses lugares, procurei entrevistar marajás e emires, magos e ascetas. Vagarosa e gradualmente, minha mente foi sendo preparada para a mais fascinante jornada que alguém pode fazer em pleno século XX, a única viagem que pode levar um viajante a um mundo diferente e maravilhoso...

E foi assim que, naquela feia tarde de inverno, encontrei-me num trem saindo de Siligur, importante cidade de Bengala, passando por Katmandu e chegando a Gangtok, no Nepal, aos pés do Himalaia.

Acompanhavam-me o dr. Ananda Vessantara, sua esposa, Mahima, e o arqueólogo francês, Pierre Julien Lafoil. Todos estávamos interessadíssimos em conhecer a misteriosa terra dos lamas, porém jamais poderíamos prever as conseqüências extraordinárias daquela viagem.

Chovia forte quando chegamos à estação de Gangtok, capital do estado de Sikkim – ante-sala do Tibete. Um risonho carregador, de face larga e bem mongólica, veio ajudar-nos na descida das malas. Um representante do governo do Nepal esperava, para, de automóvel, conduzir-nos ao palácio do rajá Dorge, onde ficaríamos hospedados. Um vento frio entrava pelas frestas dos vidros do carro, obrigando-nos a aconchegar ao rosto à gola do casaco de peles. Atravessamos o mercado de Kalimpong, cruzando aquele curioso mundo

Dr. Anada Vessantara, nosso companheiro de viagem pela Índia, Nepal e Tibete.

de faces mongólicas, cuja semelhança com os índios brasileiros é impressionante. Isto nos fez pensar na conhecida teoria científica de que nossos índios pertencem ao mesmo tronco da raça mongólica, cujos ramos se espalharam, uns pelas Américas, e outros pelo sul dos montes Himalaia.

Saltamos em frente à enorme escadaria de mármore branco do palácio do rajá Dorge, embaixador da Índia no

Rani ou pricesa Sitadévi, primeira esposa do raja Dorge.

Nepal. Fomos recebidos por dois senhores indianos, que nos deram as boas-vindas e nos conduziram ao interior do palácio.

Entramos e tudo nos pareceu um sonho, tão exótica era sua mobília e tão rico o colorido da sua esplêndida decoração oriental. Lindos tapetes, tecidos a fio de ouro, ornavam as paredes. Em mesinhas de ébano, finamente entalhadas, viam-se antigas esculturas de bronze, representando deuses indianos. Tapetes grossos e brilhantes forravam o chão. Espalhados sobre os tapetes, vimos lindos almofadões de seda bordada com flores raras. No fundo do salão, avistamos uma lareira forrada com lâminas de cobre; em frente, uma formosa pele de tigre.

O rajá entrou, usando uma grossa túnica de lã verde-oliva, sobre calças brancas ajustadas nos tornozelos. Era um homem alto e delgado, de uns cinqüenta anos presumíveis. Sua pele era bem morena, queimada de sol, olhos escuros, sobrancelhas espessas, nariz fino, boca cheia e um pouco protuberante. Seu turbante de seda branca brilhava, ornado com uma estranha jóia cintilante. Atrás dele vieram suas três esposas, esguias, morenas e formosas, vestindo saris deslumbrantes. Deram-nos as boas-vindas com um claro sorriso.

Em seguida a uma breve conversa, levaram-nos aos nossos aposentos, para um merecido descanso. Horas mais tarde, refeita por um banho perfumado com rosas brancas, vesti uma túnica de seda azul bordada de dragões e fui ao encontro de nossos anfitriões. Durante o jantar, à moda indiana, serviram-nos diversos pratos deliciosos.

Após o jantar, fomos para o salão de música e o rajá muito animadamente, contou-nos algo sobre sua vida. Soubemos que conhecia toda a Europa, América do Norte e Oriente Médio. Relatou-nos pitorescas aventuras na China e no Nepal e, o que é mais estranho, sua vida num misterioso mosteiro budista em Ladak, onde, na mocidade, tinha passado um longo período de recolhimento espiritual.

Em breve conversávamos sobre assuntos mais amplos, encarando a antiga sabedoria hermética do Oriente.

E o rajá falou:

– Alguns ensinamentos de nossos antigos sábios chegaram ao Ocidente de maneira um pouco deturpada pelas traduções. Daí os exageros que se cometem no Ocidente, em nome da ciência oriental.

Íamos retrucar, quando fomos interrompidos pela voz suave da *râni* (princesa primeira esposa), que, acompanhando-se ao alaúde indiano, chamado *Vina,* cantou no doce idioma bengali. Eram canções poéticas, que me foram traduzidas para o inglês pela senhora Vessentara.

Quando a *râni* Sitadévi terminou, perguntei-lhe de quem eram aquelas canções.

Foi o rajá quem respondeu:

– Então a jovem senhora não conhece os textos dos nossos *Upanishads*?

Confessei minha ignorância que começava por não saber sequer o que significava a palavra *Upanishads*.

– *Upanishad* – continuou o rajá – é uma palavra sânscrita. Significa a conquista da inteligência dominando a ignorância. São escrituras santas que fazem parte das antigas tradições védicas. Segundo alguns estudiosos, essas escrituras são ao todo 150. Segundo outros, seu número é de 112. Neles encontramos a explicação mística do Universo, da Natureza e do Criador. Eis aqui a tradução de um texto que acaba de ser cantado pela *râni:*

Assim como uma aranha produz e recolhe a sua teia;

> assim como procedem os cabelos da cabeça e do corpo de um homem vivo.
> Do imperecível proveio tudo que aqui está.
> Assim como de uma fogueira procedem as fagulhas de natureza semelhante, apesar de serem de número incontável.
> Da mesma forma, ó meu caro, do imperecível procedem as várias espécies de seres, que novamente a ele voltarão.
> Os rios do leste e do oeste originam-se no oceano e a ele retornam, embora não saibam que assim procedem.
> Da mesma forma são todas essas pessoas que provêm do grande Ser, embora não saibam que do Ser provêm.
> Aquilo que constitui a essência sutil; aquilo que em tudo o que existe tem a sua própria essência, é o Verdadeiro Ser. E tu és esse ser.

No ***Tat Tvan Asi*** - Tu És Aquilo – está resumido todo o ensinamento dos ***Upanishads***.

Eu ouvia atentamente aquelas palavras. Elas enchiam meu coração como a fumaça do incenso enche o altar de um templo. Mas, súbito, o rajá calou-se. Pouco a pouco tinha elevado a voz, impelido pelo entusiasmo de suas palavras. Todos esperavam que ele continuasse e ficamos em muda expectativa.

Foi então que o arqueólogo Pierre Julien perguntou:

– E a lenda dos sete cisnes do lago Mansarowar? Tem relação com os ***Upanishads***?

O rajá pareceu sair de dentro dos seus pensamentos.

– Sim! ... Dizem remotas tradições que foi às margens desse lago sagrado que os Sete Senhores Sublimes – primeiros instrutores da raça ariana – falaram sobre os ensinamentos secretos dos ***Upanishads***. Desde então, dizem que todos os anos, na manhã do primeiro dia da primavera na Índia, sete cisnes brancos sobrevoam o lago e depois desaparecem rumo ao monte Meru. Só retornam no ano seguinte, no mesmo dia e na mesma hora. Consta que esses cisnes são os Sete Senhores Sublimes que, disfarçados de cisnes, velam continuamente pela humanidade e aguardam trinta mil anos para renascer. Surgem em forma de cisnes, porque, segundo a mitologia hindu, essa ave personifica a sabedoria universal. É o símbolo de Brahma – o Criador – que também é chamado *Hansa Vahara,* isto é, "o que usa o cisne como veículo".

Ante o relato do rajá, o tempo parecia ter sido aniquilado. Entretanto, na realidade, a noite avançava rapidamente. Era preciso repousar. Ainda nos restavam algumas semanas no Nepal, antes de partirmos para o Tibete. Tínhamos muito que aprender com o rajá Dorge.

Primeiro contato com a terra e o povo de Sikkim

Na manhã seguinte, bem cedo ainda, saímos para visitar Gangtok. Dispensamos o automóvel e preferimos montar nos bonitos cavalos nepaleses do rajá. Foi colocado à nossa disposição um simpático nepalês chamado Tsarong, secretário particular do rajá, que nos serviu de cicerone.

Gangtok é uma bela cidade, com uma aglomeração de casas de pedra branca que lembram muito as construções dos antigos incas.

Não é tão formosa como Katmandu, a capital do Nepal, porém tem seus encantos. É uma cidade em estilo muito mais tibetano do que nepalês. As amplas ruas, pavimentadas de pedras roliças, são sombreadas por velhos pinheiros. A altitude de Gangtok é de cerca de 1.830 metros.

A diferença entre a fresca temperatura do vale do Himalaia e o cálido clima de Calcutá, de onde viéramos, causou-nos um certo choque. Contudo, tínhamos que ir nos acostumando, pois nos meses seguintes iríamos viver numa altitude nunca inferior a 3.350 metros. Sobre as montanhas

O lama Kazi, guia da nossa caravana.

mais próximas erguiam-se as encostas nevadas dos grandes picos.

A vida em Gangtok está envolta na serena beleza do vale do rio Tista, que o povo chama de *Buraco dos Ventos*, pois é uma estreita garganta abrindo-se para o céu. Pequenos campos de arroz pendem dos flancos das montanhas e Gangtok parece suspensa no ar, entre o invisível fundo dos vales e as neves eternas dos montes Kinchijunga. Pelo caminho, encontramos alguns bazares interessantes, exibindo belos trabalhos de artesanato em cobre e marfim.

Vimos também inúmeras casas senhoriais, lares prósperos, suntuosos jardins cheios de rosas, apesar do inverno, e as mais belas orquídeas que já vimos. Ali dizem que Sikkim é o paraíso das orquídeas e das borboletas, cuja variedade de formas e de cores é maravilhosa.

O povo de Gangtok, chamado *xerpas*, é trabalhador, generoso e hospitaleiro. Tem a pele avermelhada, olhos amendoados e um ar alegre. Em geral, tanto os homens como as mulheres, usam longas túnicas tibetanas de cores vivas e por cima um manto de seda ou algodão, cor de vinho. Na cabeça, pontudos chapéus de feltro vermelho, que lembram muito o chapéu das bruxas ocidentais da Idade Média. Observamos também que alguns *xerpas* têm um jeito furtivo, lembrando os índios da Bolívia, do Peru, do México e do Brasil, bem como os peles-vermelhas da América do Norte. Comentamos isso com Tsarong – nosso cicerone –, que também é *xerpa*.

– Dizem nossas tradições – respondeu ele, num inglês perfeito – que somos descendentes da raça ameríndia, cuja história é tão milenar que se perdeu na noite dos tempos.

– Mas! ... Não foi do Oriente que surgiram as raças mais antigas do mundo? – indaguei perplexa.

Tsarong esboçou um breve sorriso e retrucou:

– Nossos livros santos dizem que as Américas surgiram das águas do oceano muito antes do Oriente. Nossa história parece antiga, mas, na verdade, é tão nova que ainda pode ser lembrada...

– Sim, é verdade – falou o dr. Vessantara –, foi das Américas que, há muitos milênios, saíram os primeiros sábios que se fixaram em outros pontos da Terra, levando consigo grandes conhecimentos que serviram de base para fundarem muitas civilizações.

– Nossas lendas – continuou Tsarong – afirmam que uma enorme catástrofe destruiu nosso país de origem, uma grande ilha no oceano, habitada por um povo próspero e notável, do qual alguns grupos puderam alcançar o Egito, a

Índia e as Américas, escapando assim do desastre. Contudo, alguns desses grupos, por motivos que ignoro, regrediram espiritualmente e tornaram-se selvagens, com exceção dos astecas, dos incas e dos maias. Daí a semelhança que existe entre esses indígenas e os asiáticos.

Embora bastante admirada, lembrei que a existência de um grande continente ligando a Ásia, a Europa e as Américas e o seu calamitoso desaparecimento são fatos admitidos por muitos cientistas do Ocidente. Súbito, nossos pensamentos foram interrompidos por uma parada que fizemos numa *gompa*, isto é, capela de dois andares, em estilo tibetano, contendo, em cima, uma biblioteca e, embaixo, um oratório com imagens budistas. Fomos recebidos por um monge e alguns noviços vestindo a túnica cor de vinho dos lamas *gelug-pa* (seita dos chapéus vermelhos). O monge era um homem idoso, pequeno, magro, delicado como um pássaro, de rosto fino e ascético. Seus dedos esguios percorriam as contas de um rosário de coral.

Visitamos a biblioteca que constava de duas amplas salas, de paredes divididas por prateleiras de madeira laqueadas de vermelho-vinho. Os livros eram colocados nesses compartimentos envoltos em panos de seda e mantidos entre duas tábuas envernizadas. As páginas eram folhas estreitas de papel de arroz, com quase dois metros de comprimento.

– Uma biblioteca mediana – explicou o monge em inglês – tem uns 300 livros assim.

– E quantos livros tem esta? – indaguei.

O monge sorriu e disse mansamente:

– Uns dois mil livros.

– E todos sobre literatura religiosa? – perguntou Pierre Julien.

– Sim. Especialmente o lamaísmo. Entre as obras principais, temos o ***kangyur*** (coleção de escrituras sagradas) e o ***tengyur***, que são comentários esotéricos sobre o ***kangyur***.

Após visitarmos a biblioteca, despedimo-nos e continuamos o passeio pela cidade. Passamos pelo posto do telégrafo, por várias escolas, um hospital, uma estrada de automóveis, o suntuoso palácio do governador de Sikkim. Sua Alteza, o marajá Tashi Namgial, que é de origem tibetana, como também todos os dirigentes importantes do país. Vimos as casas dos representantes britânicos no Tibete, o mercado, as lojas e finalmente, quando o Sol já ia alto, regressamos para almoçar na mansão do rajá. Era preciso descansar, pois naquela noite iríamos assistir a uma festa típica dos *xerpas*, celebrada apenas uma vez por ano na região de Sikkim.

A festa das Flautas Pastoris

Eram cerca de oito horas da noite, quando nosso grupo, chefiado por Tsarong, deixou a mansão do rajá Dorge e apressou-se em tomar a direção do vale do rio Tista, onde, dentro em pouco, começaria a festa das Flautas Pastoris. Nossos cavalos atravessaram um longo caminho, que nos levou ao fundo de uma garganta e, algum tempo depois, vimos um extenso vale iluminado pela luz da Lua. À medida que nos aproximávamos, notávamos que o centro do vale estava enfeitado com ricos estandartes de seda, azul, verde, amarela e vermelha, bordados com faisões, grous e outros pássaros mitológicos.

Em volta de uma grande fogueira, feita com a perfumada madeira de sândalo, vimos muitos *xerpas* vestindo trajes festivos, acolchoados de pele de cordeiro. As mulheres, pequenas e graciosas, estavam profusamente enfeitadas com jóias e flores que, apesar do inverno, não faltam em Sikkim.

Enquanto desmontávamos e entregávamos nossos cavalos a um servo que nos acompanhava, ouvimos uma música estranha e melodiosa.

– A festa começou! – exclamou Tsarong.

Aproximamo-nos do povo que se comprimia em volta da fogueira. Nisso, um velho, alto e imponente, vestido com a roupa dos *dokpas* – pastores tibetanos –, jogou no fogo um punhado de ervas perfumadas. Então o povo começou a cantar, acompanhado pelo ritmo dos tambores, que lembravam os atabaques usados nos ritos umbandistas no Brasil.

– É um apelo aos deuses, pedindo sua bênção e proteção para as colheitas – disse Tsarong.

Quando terminaram as invocações, o velho pastor, que soubemos ser o chefe religioso dos *xerpas,* desenhou no chão, com um pó branco, uma grande cruz suástica.

Aquilo nos deixou perplexos. E Pierre Julien indagou:

– Que tem a ver a cruz suástica com a cerimônia dessa festa?

– Essa cruz – falou Tsarong – é um dos mais antigos símbolos sagrados do Oriente. Os budistas chineses chamam-lhe *wan*. Nos templos tibetanos é comum encontrarmos esse símbolo gravado nos portais ou nas pedras da maioria dos mosteiros.

– Na Índia também podemos ver a cruz suástica sobre a cabeça da serpente Ananta, no Templo de Ouro em Amritsar – falou o dr. Vessantara. – Os brâmanes chamam a suástica de Cruz Jaína.

– Aliás, existem duas suásticas – retrucou Tsarong. – Uma é positiva e a outra negativa. Ambas são sagradas, sendo que a positiva é usada na magia branca e a negativa na magia negra.

– E qual é a diferença entre ambas? – perguntei, interessada.

Apontando para o desenho que o velho estava traçando no chão, Tsarong disse:

– Repare, aquela é a positiva! Tem os braços dobrados no sentido do movimento dos ponteiros de um relógio. A negativa é ao contrário. A positiva representa o contínuo movimento das forças do Cosmos. Simboliza a rotação da

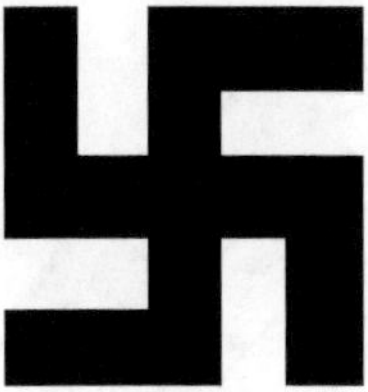

Positiva

Negativa

Terra nos eixos do mundo, porque as linhas que se cruzam significam o espírito e a matéria perfeitamente equilibrados. Aplicada ao homem, representa o elo entre ele e a divindade, emblema de que o Criador está na humanidade e esta no Criador, como as gotas de água no oceano.

– Então Hitler usou a suástica positiva? – indagou Pierre surpreso.

– Sim, meu amigo – continuou Vessantara –, Hitler era um grande mago negro[1] e sabia o poder da suástica oriental

1 Soubemos mais tarde, por meio das declarações do célebre astrólogo húngaro, Louis De Wolh – que foi chefe do Escritório de Investigações Parapsicológicas de Londres e, logo, capitão do Exército britânico, graças à proteção de Lorde Halifax–, que Hitler se interessava profundamente pelas ciências ocultas e, em especial, pela astrologia. Apesar da astrologia profissional ser proibida pelo governo alemão, sabe-se que Hitler, extra-oficialmente e para uso próprio, mantinha um grupo de grandes astrólogos trabalhando para ele. Os demais astrólogos que viviam na Alemanha foram perseguidos e a maioria mortos, pois suas previsões astrológicas eram negativas e poderiam vir a prejudicar a propaganda política de Hitler.
Conta Louis De Wolh que, antes da II Grande Guerra, morou vários anos em Berlim e lá fez amizade com Maximilian Bauer, que era o astrólogo favorito de Gustav Stressemann, ministro do Exterior da Alemanha. Por intermédio de Bauer, Louis De Wolh soube de várias coisas interessantes sobre Hitler. Entre outras, que "a sagrada cruz suástica dos antigos orientais foi escolhida por Hitler para símbolo do nazismo, sob a influência de um lama tibetano do mosteiro de Tulung Tserpung, conhecido como um dos maiores redutos de magos negros no Tibete". Soube também que, em 1923, quando Hitler ainda era desconhecido do povo alemão, certa noite, ao sair da famosa cervejaria de Munique, onde se reunia com amigos para falar sobre política, Hitler encontrou-se com Aub, um velho mago muito conhecido em Munique como vidente. Em companhia de Aub estava um lama tibetano vestindo a túnica vermelha, típica da sua seita. Aub conversou com Hitler por algum tempo e logo este o seguiu à sua residência.

A suástica de Hitler aplicada ao Zodíaco.

Desde então, consta que Hitler foi iniciado nas ciências ocultas por Aub e o misterioso lama tibetano.

Na primavera de 1940, Louis de Wolh publicou em Londres um estudo sobre o horóscopo de Hitler, no qual diz o seguinte: "A morte de Hitler será de natureza netuniana, ou seja, uma morte por envenenamento ou prostração nervosa, ou quiçá se trate de uma morte misteriosa que nunca será esclarecida".

Mais tarde, num de seus livros, intitulado ***Astros, Guerra e Paz***, Louis De Wolh declara:

> Após o trágico desaparecimento de Hitler – previsto por mim em 1940 –, foi constatada a presença inexplicável de alguns lamas tibetanos da seita dos chapéus vermelhos nas cercanias de Berghof, o palácio montanhês de Hitler, na costa de Obersalzberg. Esses lamas foram presos, mas, apesar de toda a vigilância das autoridades policiais, desapareceram misteriosamente da prisão e jamais foram encontrados.

aliada à vibração dos astros. Por essa razão escolheu como símbolo a suástica positiva. Apenas inclinou-a 45 graus, tornando-a um símbolo maléfico. Basta que você examine as fotos da guerra e as compare com a suástica positiva. O movimento dos braços é idêntico. Hitler degradou esse poderoso símbolo e pereceu vítima da sua própria maldade.

– Mas como conseguiu tornar a suástica maléfica, apenas com esta inclinação de 45 graus? – perguntei perplexa.

Vessantara esboçou um leve sorriso e respondeu:

– Bem, para explicar isso, temos que entrar um pouco no campo da astrologia. Segundo os entendidos, a cruz positiva, colocada no círculo do Zodíaco sob a influência dos planetas, está em bom aspecto com o Sol, doador da vida, positivo, masculino, gerador de força. Se essa mesma cruz for inclinada 45 graus, tal como fez o déspota alemão, sai da casa do Sol e suas pontas pegam a vibração astrológica de Lílith, a Lua Negra dos feitiços em quadratura ou mau aspecto com o Sol, Marte, Saturno e Vênus.

– Mas o senhor tem certeza de que Hitler usou mesmo a cruz positiva? – perguntei meio incrédula.

– Absoluta – respondeu Vessantara serenamente. – Esse foi um dos símbolos que mais estudei na Índia, e muito me surpreendeu observar a cruz jaína positiva, como símbolo dos nazistas. Sei que alguns estudiosos e a maioria dos teosofistas pensam que Hitler usou a cruz suástica negativa, mas estão errados. Nas inúmeras fotos publicadas nas revistas da época, podemos constatar isso perfeitamente.

Nisso, o velho pastor terminou de desenhar a cruz suástica no chão e fez sinal para um moço alto e robusto, que estava à sua direita. O rapaz aproximou-se. Vestia uma túnica longa, de seda carmesim, sobre umas calças fofas verde-jade, que terminavam escondidas sob longas botas de couro vermelho. Na cabeça tinha um barrete de pele de

---

É possível que esse fato corrobore o astrólogo alemão Maximilian Bauer, isto é, que Hitler realmente foi iniciado nas ciências ocultas por um lama tibetano do mosteiro de Tulung Tserpung, situado perto da cidade de Lhassa.

castor. Sentando-se sobre o desenho da cruz, ele cruzou as pernas, pousou as mãos sobre os joelhos, cerrou os olhos e começou a cantar. Sua voz era clara e varonil. Subia através do ar, dividindo brandamente as palavras da canção. Soubemos que era uma canção mística, cuja origem era impossível de saber. Quando terminou de cantar, houve gritos e vivas de todos os presentes. Então, a uma ordem do velho chefe, começou uma farta distribuição de *cheng*, cerveja nepalesa feita de milho fermentado, servida em altos cilindros de bambu, chamados *paips*. Havia também vinho indiano, montanhas de bolos de mel e muitos outros quitutes estritamente vegetarianos. Nada de carne, galinha ou peixes. O povo avançava em tudo com verdadeira alegria. Muitos até lambuzavam as vestes e riam contentes. Após o banquete, começaram as danças. Um grupo de moças e rapazes dançou em volta da grande fogueira. Cascatas de fitas coloridas flutuavam em seus capacetes dourados. Cada um deles trazia na mão uma flauta, que simulavam tocar. A música era exótica e harmoniosa. As moças usavam máscaras de deuses tutelares. Aliás, em quase todas as danças asiáticas os dançarinos atuam mascarados, porque acreditam que a máscara os ajuda a se elevar da sua consciência do EU, libertar-se de si mesmos e alcançar o êxtase divino.

Cerca de duas horas da manhã terminou a festa. Apesar do cansaço; nenhum de nós percebeu que o tempo passara tão depressa. E assim regressamos ao palácio do rajá, levando nos olhos a beleza agreste daquela festa bizarra aos pés dos montes Himalaia.

O Buda Vivo de Sikkim e suas declarações proféticas

Uma semana após nossa chegada a Gangtok, enquanto esperávamos que o rajá obtivesse do governo tibetano as nossas *lam-yig*, ou autorização de trânsito, soubemos que numa montanha ali perto, próximo ao vale do rio Tista, pouco além do Mosteiro de Podang, a uns 15 quilômetros de Gangtok, morava um Buda Vivo.

Este Buda Vivo, ou *corpo fantasma,* é uma das mais curiosas facetas do lamaísmo. Pertence a uma aristocracia eclesiástica que surgiu no Tibete em 1650.

Conta-se que, naquela época, o quinto grande lama da seita dos chapéus vermelhos, cujo nome era Lobzang Gyatso, tinha sido nomeado soberano do Tibete, por um príncipe mongol, e reconhecido como tal pelo imperador da China. Contudo, aquelas honrarias não lhe bastavam e o ambicioso novo rei resolveu fazer-se passar por uma emanação-fantasma do deus Tcherenzi. Decidiu também que seu amigo, o grande lama do Mosteiro de Tashilumpo, era uma emanação fantasma de Eupamed – o Buda místico de quem, segundo a tradição, Tcherenzi é filho espiritual.

Esse exemplo do lama-rei fomentou a criação dos Budas Vivos que os tibetanos chamam de *tulku.* Em seguida, todos os mosteiros importantes consideraram uma questão de honra terem como chefe a reencarnação de algum personagem célebre do lamaísmo.

Quiçá este breve resumo sobre a origem das duas dinastias mais ilustres dos *tulkus* – a do Dalai-lama (reencarnação de Tcherenzi) e a do Trachi-lama (reencarnação de Eupamed) seja suficiente para que os leitores compreendam que não se trata de reencarnações de Gautama, o Buda, que nada tem a ver com essas criações lamaístas.

No Tibete, o número desses Budas Vivos é bastante grande. Contudo, a maioria deles é de magos, ou feiticeiros, que desempenham funções de oráculos oficiais.

Embora o budismo original negue a existência de uma alma pessoal, permanente, que transmigra de uma existência a outra, a maioria dos budistas voltou a adotar a crença hindu da reencarnação.

Consta que existem também mulheres ***tulkus***. De modo geral, elas são abadessas de mosteiros de homens, ou então ermitãs. Muitas vezes *os* ***tulkus*** lembram-se de suas vidas anteriores e vários são os exemplos disso que se conhecem na Índia e no Tibete. Várias são as antigas lendas, cujos heróis determinam a natureza do seu renascimento, e a carreira de um futuro *avatar* (reencarnação). Geralmente, predizem em seu leito de morte onde devem renascer e dão detalhes sobre os futuros pais, o lugar onde fica a casa etc.

Dois anos após a morte de um Buda Vivo, o chefe do mosteiro onde ele morreu começa a busca da sua reencarnação. Algumas vezes encontram logo uma criança com as condições prescritas, e esta se submete a muitas provas de reconhecimento.

O fato de que ali, em Gangtok, tão perto de nós, vivia um desses Budas Vivos, sobre quem se contavam muitas histórias misteriosas, deixou-nos realmente curiosos em conhecê-lo. Dizia-se que ele era um velho de 102 anos, mas que, por um processo mágico oculto, vinha conseguindo retardar a velhice. Sua pele era fresca e quase sem rugas; os movimentos ágeis, e os dentes claros e perfeitos.

Comunicamos ao rajá nosso desejo de ir conhecer o Buda Vivo de Sikkim.

– Impossível! – disse ele. – Nenhuma mulher pode entrar no mosteiro do Buda Mercúrio...

– Mas por quê? – indaguei.

– É contra a ordem dos lamas. Esse mosteiro é cheio de lendas e mistérios. Dizem que a 777 passos do mosteiro havia, outrora, uma enorme estátua de Buda, toda em bronze maciço, que nem mesmo 100 homens podiam carregar. Certa noite, essa estátua desapareceu misteriosamente e os lamas tiveram muito trabalho para descobrir a razão desse desaparecimento.

– E qual foi? – indaguei.

– Não se sabe ao certo. Os lamas desse mosteiro são muito discretos. Conta-se que a estátua foi levada pelos gênios da quarta dimensão, para algum lugar inacessível aos olhos profanos...

Aquelas palavras avivaram minha curiosidade e insisti com o rajá, para que intercedesse junto aos lamas, para que me permitissem visitá-los. O rajá prometeu fazer o possível, mas não me deu muitas esperanças. Mandou Tsarong, com muitos presentes, solicitar licença para visitarmos o mosteiro. A resposta foi negativa. Não me conformei e, após muitas idas e vindas, vimos nosso desejo satisfeito. O venerável lama, abrindo uma exceção sem precedentes, concordara em receber-nos. Impunha apenas uma condição: que eu vestisse o hábito cinzento dos noviços e velasse meu rosto com o longo capuz do hábito. A permissão era só para mim e o dr. Vessantara. Mahima e Pierre Julien não poderiam nos acompanhar.

No dia marcado, partimos em direção às montanhas, liderados por Tsarong. Fomos a pé, conforme pediram. A ascensão foi lenta e seguia aclives sinuosos. Respirávamos com prazer o ar puro da manhã, impregnado com o aroma dos pinheiros. Fazia muito frio. Nenhum pássaro cruzou o belo céu azul. Após cerca de três quilômetros costeando o vale, a subida tornou-se abrupta. O caminho era por um corte oblíquo na rocha, cujo cimo a bruma ocultava. Logo se aplainou o solo e entramos numa atmosfera clara e cheia de sol. Passo a passo, fomos por um atalho estreito e íngreme, no pendor da montanha. Tivemos de seguir um atrás do outro, reparando atentamente no chão, para não pisar em falso. De um lado, havia o flanco inacessível da serra; do outro, o abismo. O cansaço ia afrouxando nossos passos. Finalmente, vimos uma colina muito verde e deserta. Em frente, a pouca distância, erguia-se o Templo do Buda Mercúrio, também chamado Colégio dos Santos Magos.

Um grupo de pavilhões coloridos, de tetos recurvos, pendurava-se na encosta da montanha, como uma flor encravada nas pedras. A região era cheia de escarpas e coberta de florestas pitorescas. Devagar, fomos nos aproximando. A emoção era tanta que mal podíamos respirar. Íamos ver um dos grandes chefes espirituais da Ásia.

Entramos pelo grande portão de ferro que dá acesso ao templo. Grupos de monges, lentos e solenes nas suas longas túnicas de algodão branco ou amarelo, andavam pelas veredas que conduziam ao interior do parque. O grande gongo de bronze, semi-oculto entre as traves, acabava de ser tangido, convocando todos para a oração da manhã. Puxamos bem o capuz do hábito e entramos no amplo *hall*, pavimentado de mármore rosa. Vimos uma série de nichos com objetos sagrados. As paredes laterais eram cobertas com pinturas feitas sobre seda, representando a vida de santos do lamaísmo. De um lado, um grande altar dourado sujeitava uma enorme estátua, também dourada, representando Gautama, o Buda, ainda adolescente. Tinha a face magra e tranqüila, o olhar semicerrado de quem não olha para o mundo dos mortais. Refletia-se em seu todo uma expressão de misteriosa piedade, sonho e sabedoria.

Um dos noviços ou *trapas* acompanhou-nos até a grande capela, onde, entre velas coloridas, candelabros de ouro e incensórios de jade, vimos um fato singular.

Suspenso no ar e sem nenhum apoio, estava um báculo, isto é, um pequeno bastão dourado, que, segundo a lenda, regula os atos da comunidade.

Soubemos que aquele bastão milagroso pertencera ao santo Tsong Kapa, que foi o reformador da religião budista no Tibete. Pensamos que se tratasse de algum truque muito bem dissimulado pelos lamas, pois nossa mente, por mais que raciocinasse, não encontrava nenhuma razão lógica para aquele fenômeno. Percebendo nossa incredulidade, o dr. Vessantara disse:

– Soube que esse bastão mágico está neste mosteiro há muitos séculos. Nunca ninguém soube explicar a razão desse prodígio. Só os lamas conhecem esse segredo, mas não o revelam aos profanos. O sábio Nicolas Notovich, que, há tempos, esteve no Tibete, chefiando uma missão de cientistas russos, examinou tudo detidamente e não encontrou nenhuma fraude, nem razão lógica para explicar o fenômeno. Esse sábio russo foi quem encontrou na cidade de Ladak a cela antiquíssima do ***Ermitão de Issa***, que os lamas dizem ter sido Jesus Cristo.

Perplexos e fascinados, ficamos por algum tempo contemplando o prodígio. Finalmente, tocando de leve em nosso braço direito, o noviço fez sinal para que o seguíssemos. Continuamos andando, até alcançar um longo corredor penumbroso. Apenas percebíamos a fraca iluminação de algumas tochas. Senti um vago temor e meu sangue pulsou mais rápido nas minhas veias. Havia muitos nichos cavados nas paredes de pedra do corredor. Vimos, nesses nichos, vultos imóveis. Pensamos que fossem estátuas, mas, em voz baixa, o noviço falou:

– Esses são monges que voluntariamente se deixaram mumificar em vida...

– Mas como? – perguntamos, por meio de Tsarong.

A resposta veio clara e precisa:

– Durante três dias e três noites cozinham-se sementes tenras de linho misturadas com fava branca. Depois, todas são trituradas num pilão. A parte seca volta duas vezes ao fogo e ao pilão e, por fim, fica exposta ao Sol, até se transformar numa farinha leve. Então, após um jejum rigoroso, o candidato à mumificação come grande quantidade dessa farinha. Durante três meses fica sendo alimentado por pequenas porções da farinha. O monge deve conservar a mente fixa no Logos Solar. Com esse regime, os intestinos e o fígado se ressecam. Tempos depois, com a pele inteiramente endurecida, o candidato parece mesmo uma múmia. Somente a respiração, fraquíssima, continuará, mas por pouco tempo.

Foi horrível para nós essa revelação e, quando saímos do corredor lúgubre, para um amplo pátio arborizado, respirei aliviada. E ali, à sombra de um pinheiro milenar, vimos o Buda Vivo de Sikkim. Estava sentado com as pernas cruzadas, em cima de uma esteira de bambu. Era difícil precisar-lhe a idade. As feições miúdas, imprecisas, davam-lhe um aspecto indefinido. Vestia uma ampla túnica amarela, um casaco forrado de peles de cordeiro e um barrete também de peles. No queixo tinha uma barbicha rala e muito branca. Os olhos eram pequenos e vivos. A pele quase sem rugas. As mãos finas e aristocráticas. Sua fisionomia não me parecia desconhecida, embora não pudesse encontrar sua imagem na minha memória.

Aproximamo-nos depositando a seus pés as echarpes de seda branca, que os tibetanos chamam de ***ka-ta***, ou echarpes da felicidade, que Tsarong nos fizera trazer.

– Sua Santidade foi muito bondoso em receber-nos – disse eu em inglês.

O Buda Vivo virou-se para nosso intérprete Tsarong e disse algo em tibetano. Adivinhei corretamente o que ele quis dizer.

– O venerável Pai da Alma Diamante entende quando lhe falam em inglês, mas teme que não lhe corresponda o seu, por isso prefere que eu traduza as palavras – falou Tsarong.

Olhando-me fixamente, o Buda Vivo falou:

– *Jetsuma* (reverenda dama), é contrário à nossa regra e à nossa ordem recebermos aqui uma mulher. Mas os atos da tua vida anterior conduziram-te a meu encontro. Sê bem-vinda!

A voz era fraquinha e grave, muito agradável de ser ouvida. Eu continuava a pensar, intrigada, onde já tinha visto aquele semblante. Como que respondendo aos meus pensamentos ele falou:

– Tens razão, pequenina irmã, nós não somos desconhecidos. Por várias vezes estive ao teu lado, embora não soubesses da minha presença etérea. Já dirigi muitas correntes de idéias brotadas do teu cérebro. Tu não te lembras porque o véu de Maya (ilusão) obscurece tua visão interna...

Minhas mãos tremeram de emoção. Que pensar de tudo aquilo? Recordei as palavras de Gautama, o Buda: "Nada aceites que não seja razoável; nada consideres como contrário à razão, sem um exame conveniente".

Percebendo minha perturbação, o venerável passou a conversar com o dr. Vessantara, em sânscrito. O mais estranho era que mesmo sem compreender o sânscrito, eu entendia perfeitamente tudo o que ambos diziam. Era como se uma onda telepática transmitisse o conhecimento ao meu cérebro. Creio que essa foi uma das mais belas provas intuitivas que tive no Tibete!

Falaram sobre religião, ritos e lendas do povo tibetano.

– É preciso ser erudito para se compreender os ensinamentos budistas? – indaguei, finalmente.

– O conhecimento da verdade – respondeu o venerável – é algo que não se pode ler nos livros. Depende de nossas próprias experiências. Basta dizer que Shen Sien, o sexto Patriarca do budismo, descascava arroz para viver. Um dia, a força do seu Deus Interno despertou e ele tornou-se um sábio de repente.

Em seguida, a conversa passou a temas mais simples. Muito me surpreendeu saber que o Buda Vivo lê regularmente jornais ingleses, e está bem informado dos problemas atuais do mundo, fora do seu círculo.

Recordo a crença de Tsarong que o venerável possui uma visão profética. Minha curiosidade me induziu a pedir-lhe opinião sobre o futuro do mundo. Antes que eu pudesse formular a pergunta, veio a resposta:

– Só o entendimento espiritual entre as nações conduzirá à verdadeira paz. Creio que o remédio para os problemas do mundo é viver e ajudar a viver.

Fitou-nos com um olhar profundo e prosseguiu:

– Os homens são agentes do Carma (lei de causa e

efeito), e nós como agentes dos Mestres Ascensionados não podemos anular as dívidas que os homens e as nações contraíram com seus atos. Está previsto que a cada dois mil anos a Terra entra em contato com um novo raio cósmico que ajuda a sua evolução. Foi confiada a um grande Mestre Ascensionado a custódia do já iniciado ciclo de dois mil anos da Era da Liberdade. Esse maravilhoso Ser trará o Fogo da Liberdade e oferecerá ao mundo a oportunidade da queima total do carma. Futuramente, um grupo de estudiosos no Ocidente, a partir do terceiro mês do ano de 1952, divulgará os ensinamentos desse grande Senhor da Liberdade para a Terra.

Houve uma pausa, que durou cerca de um minuto. O venerável acariciou a barbicha com os dedos.

Peço permissão para fazer-lhe algumas perguntas pessoais.

– Qual é a sua idade, venerável Pai da Alma Diamante?

A resposta chegou rapidamente:

– A idade da forma não é a idade da alma. Tu e eu já vivemos na Terra muitas vezes.

Curiosa, procurei fazê-lo prosseguir:

– Se vivemos anteriormente e vos lembrais, por que não sucede o mesmo comigo?

– Primeiramente, a memória cerebral, que é variável e incerta, só registra as experiências desta vida; as vidas passadas têm seus registros na alma. O estudo e a meditação despertam a consciência da alma, e com essa consciência, todas as recordações do passado nela conservadas.

Houve outra pausa. Um noviço aproximou-se e acendeu uma vareta de incenso de rosas. O Buda Vivo observou o fumo azul que se elevava em espirais e permaneceu em silêncio.

Recordei que, desde os tempos mais remotos, os orientais associam os odores agradáveis com a essência divina dos deuses. Chegavam mesmo a pensar que a alma tinha uma fragrância própria, muito superior a todos os perfumes que o homem conhecia. Nos templos sagrados, ainda hoje os herboristas misturam poções secretas e preparam raros incensos, os quais acredita-se que são semelhantes à divina fragrância da alma. É crença geral que a inalação da fumaça perfumada eleva a alma a grandes alturas, ajuda a produzir a harmonia dos sentidos, tranqüiliza e acalma o corpo e a mente.

Sentindo que nossa entrevista terminara realmente, levantamo-nos do chão, onde estávamos sentados sobre grossos tapetes. O Buda Vivo ergueu a mão direita em sinal de bênção. Depois, pegando um dos manuscritos que estavam sobre uma mesinha baixa, ao seu lado, ofereceu-nos como lembrança. E, dirigindo-se a mim, falou:

– Encontrarás ainda outros Mestres mais esclarecidos do que eu, que te revelarão muitos segredos. Guarda-os com cuidado. Quando chegar a época, terás a intuição para divulgá-los. Cumpre o teu dever no Ocidente e que nenhuma obscuridade te impeça de ver a Luz Divina ou te desvie do verdadeiro caminho iniciático!

❄ ❄ ❄

Entardecia quando deixamos o templo do Buda Vivo de Sikkim. Um vento frio, prenunciando tempestade, agitava nossas vestes. Sentíamo-nos à mercê de alguma força impenetrável e extraordinária. À medida que nos afastávamos do templo, perguntava a mim mesma se tudo o que me vinha ao cérebro fazia parte de uma visão desperta ou de um sonho. O rolo de seda em minha mão, contendo uma oração budista, convenceu-me daquela maravilhosa realidade.

Chegamos ao palácio do rajá Dorge num estado de grande agitação e excitamento. Naquela noite, após o jantar, a conversa girou sobre nossa visita ao Buda Vivo e suas declarações proféticas. Depois, falamos sobre a reencarnação.

– Mesmo no Ocidente – disse Vessantara – homens

famosos, como Henry Ford, acreditam na reencarnação. Algum tempo antes de falecer, Ford foi entrevistado pelo repórter americano Frazier Hunt, e declarou abertamente sua crença na reencarnação. "Cada vida que vivemos – declarou Ford ao jornalista – aumenta o total de nossas experiências. Tudo o que se encontra na Terra foi posto para o nosso bem; para obtermos experiências que devem ser guardadas para um fim futuro. Não existe uma partícula do homem, um pensamento, uma experiência, uma gota que não subsista. A vida é eterna; portanto, não existe morte".

– Isto é ir mais longe do que ensina nossa religião cristã – disse Frazier.

– Pode ser, mas é nisso que eu creio. E creio, como se cria, em épocas muito anteriores, em tempos bem remotos, nos quais se sabia algo que já perdemos; algo do misterioso enigma da vida. E estou completamente certo de tudo isso... Creio que o que chamamos religião foi, há séculos, uma ciência exata, enunciada em conceitos baseados em fatos e conhecimentos. As coisas que resultam ser agora mistérios: sem solução, tais como de onde viemos antes de nascer e para onde vamos após a morte, eram conhecidas por todo mundo. Sabia-se tudo concernente à existência. Algum dia, nós seremos também bastante sagazes para ver e compreender a vida toda do Universo; o que se está passando em outros planetas e muitas outras coisas nesse estilo.

Recordei então o que lera certa vez numa publicação mística:

> A reencarnação é a verdadeira e única explicação lógica para inúmeras injustiças aparentes, o que se verifica quando, por exemplo, se vê tanto destino pesado em certas pessoas boas, enquanto outras – as que chamamos de más – gozam de um viver feliz. Podemos estar certos. Não há descuido. Essas aparentes injustiças desaparecerão à medida que cada uma delas veja o efeito de ações que haja praticado em épocas passadas, e das quais não mais possui percepção consciente.

Assim, pois, a vivência futura dependerá dos atos praticados no presente, como os atos realizados no passado fazem sentir seus efeitos na vida atual.

Entretanto, uma pessoa pode neutralizar seus erros, desfazendo o mal através de uma ação que redunde num bem a outrem e desse modo se libertando da culpa de um mau comportamento passado. Mas quem não consegue redimir-se dos males praticados a outrem, tornará cada vez mais embaraçosa a vida entre ambos, até que em alguma encarnação futura essa remissão seja alcançada.

Na maioria dos casos, as pessoas são levadas a se aproximar com o único intuito de conseguir dissolver *culpas esquecidas* do passado. Quando, entre algumas pessoas, reina a atração do amor, é certo que, em outra época, já havia entre elas uma união harmoniosa. Por isso podem espargir essas qualidades sobre os que tanto precisam delas. Quando surgir um sentimento relutante ao encontrarmos alguém, isto é recordação de sentimentos desagradáveis e desarmônicos de ligação do passado.

Deus é um Deus de amor. E um bom Deus nunca iria prover seus filhos, metade com amor, beleza, alegria e abundância, e a outra metade carregada de doenças e coisas impuras. Bons pais não fazem diferença entre seus filhos, e Deus não o faria, absolutamente.

Se, finalmente, o homem percebe que ele é a causa de toda desgraça e toda limitação em seu mundo, e se ele, sincera e honestamente, reconhece e deseja reparar todo esse mal, ser-lhe-á dado integral auxílio. Porém, até que ele consiga atingir esse ponto, permanecerá geralmente blasfemando contra Deus e contra o destino ou resignando-se na impressão de que essa é a vontade de Deus, o que, em verdade, não é!

Tudo isso me veio à mente enquanto Vessantara comentava o caso da menina Shanti Devi, de nove anos de idade, que, desde que começou a falar, afirma ser a reencarnação da falecida esposa de um negociante de tecidos, de nome Lugdi, residente na cidade de Mutra, a uns 200 quilômetros de Nova Deli, lugar onde nasceu e vive a menina.

– A alma é eterna e incriada – falou Mahima. – Passa de uma existência para outra; de um país para outro. Não há dúvida de que o caso de Shanti Devi é um dos mais curiosos casos de reencarnação que já houve na Índia. Lástima que muita gente duvide disso.

– Quando chegar o momento – disse o rajá – todos compreenderão que a reencarnação é uma grande verdade. Mas creio que o mundo ainda não está preparado para aceitar isso...

A sagrada festa de Wesak

Na manhã seguinte, após tomar o chá com bolo de gengibre que uma das criadas nos levou no quarto, saímos para o jardim, ao encontro de nossos amigos. Estavam sentados num quiosque, no centro do grande jardim cheio de flores, apesar do inverno. Conversavam animadamente.

– Foi bom teres vindo – disse Mahima –, pois estávamos falando sobre a sagrada festa de Wesak.

– Sim, pois, hoje à noite, o povo do Nepal vai festejar o Festival de Wesak, que é um dos mais importantes de toda a Ásia – falou o rajá.

Era a primeira vez que ouvíamos falar nessa festa e o seu nome estranho despertou, em nós, uma viva curiosidade.

– Que significa essa festa? – indagamos.

Foi o rajá quem respondeu:

– Representa uma tradição multimilenar do Oriente,

que todos os anos, na lua cheia de maio, é celebrada aqui no Nepal e também em alguns lugares da Índia e do Ceilão. Na grande hora da lua cheia, Maitreya – o Buda da Compaixão – derrama suas bênçãos sobre o mundo.

– Aliás, essas bênçãos – disse o dr. Vessantara – são maravilhosamente excepcionais, porque, devido à sua alta categoria nos planos espirituais, nosso senhor Buda tem amplo acesso aos planos da natureza que estão muito longe do nosso alcance. Portanto, ele pode transmutar e transferir ao nosso mundo a divina energia dos mundos superiores. Sem o auxílio do Buda, jamais essas energias poderiam chegar até nós.

– E por que não? – indaguei, curiosa.

Vessantara olhou para o rajá e os dois sorriram. Após uma breve pausa o rajá falou:

– Porque as vibrações do nosso bem-amado Buda são tão formidáveis e tão incrivelmente rápidas, que nos seria impossível percebê-las. Mas, no plenilúnio de maio, suas bênçãos se difundem pelo mundo inteiro, levando harmonia e paz inefável a todos os que estão preparados para receber os divinos dons.

Essas palavras do rajá calaram fundo em nossa alma, mas, ainda assim, não tínhamos percebido o sentido oculto da festa de Wesak. E continuamos perguntando:

– Por que razão essa bênção maravilhosa só é dada no plenilúnio de maio?

– Porque é no mês de maio – disse o rajá – que no calendário da Índia, Nepal e Ceilão é chamado Wesak, ou Festa da Lua Cheia de maio. Nessa época festejamos os acontecimentos mais importantes da vida de Buda, o Iluminado. Contudo, a aparição que surge na Festa da Lua Cheia não é a de Sidarta Gautama, o Buda, mas sim uma de suas emanações divinas conhecida como Buda Maitreya, ou Buda do futuro.

– E todos podem ver essa divina aparição da sombra do Buda? – indaguei perplexa.

– Nem todos... – retrucou o rajá – somente aqueles que estão preparados espiritualmente e têm aberta a sua 3ª visão ou terceiro olho espiritual. Consta que, nesse dia sagrado, muita gente vaga inutilmente de um lado para outro nas montanhas, sem encontrar o lugar onde é celebrada a Festa da Lua Cheia. É como se o véu de *Maya*, a grande ilusão, ocultasse esse lugar dos olhos curiosos.

Diante disso, ficamos preocupados. Acaso seríamos dignos de ir a essa festa e ver a sombra do Buda?

Como que adivinhando meus pensamentos, o rajá falou:

– Recebi ordens dos mestres da Fraternidade Branca do Oriente para levá-los à festa de Wesak.

– Mas... Quem são esses mestres da Fraternidade Branca do Oriente? – indaguei, curiosa.

– São seres ascensionados, livres de toda imperfeição, que vivem no plano espiritual e se comunicam conosco por intermédio de seus discípulos, muitos dos quais vivem aqui no Nepal.

Nossa alegria foi tanta que mal pudemos balbuciar um agradecimento.

❄ ❄ ❄

Naquela mesma tarde, às três horas, nosso grupo, liderado pelo rajá e pelo lama Kazi, deixou o palácio no centro de Gangtok e partiu rumo ao vale do rio Tista. Os cavalos atravessaram um longo caminho, que nos levou ao fundo de uma garganta, depois a vales férteis, onde homens e mulheres pastoreavam cabras.

Levamos cerca de uma hora subindo, galgando altura gradativamente. Afinal alcançamos uma ravina e mais adiante um platô, que parecia situar-se a meio caminho entre a base e o cume da montanha. Ali, desmontamos, entregamos nossos cavalos a um servo que nos acompanhava e continuamos andando a pé. Passo a passo, guiados pelo lama Kazi, fomos por um estreito vale, que se aprofundava cada vez mais na floresta. Para além do vale, vimos uma tortuosa região cheia de íngremes colinas. A estrada foi se encaracolando pela extremidade norte, e em seguida, cortando através de uma abertura na montanha, chegamos a uma colina verde e deserta.

Um pouco mais adiante ficava a planície, onde chegamos por um caminho árido e pedregoso, e na qual, em sua parte ocidental, um regato corria manso. Numa clareira aberta entre enormes carvalhos, vimos um altar feito de pedras, onde se espalhavam muitas guirlandas de flores. Um grupo de ascetas lá estava sentado no chão, meditando. Eram todos bem idosos. Os cabelos e as barbas, longos e brancos. Usavam apenas uma tanga de algodão amarelo, e seus corpos eram magros e bronzeados.

– Aqueles homens são os ***naljorpas*** tibetanos – murmurou o lama Kazi.

– *Naljorpas*? – repetimos intrigados.

– Sim, são os monges peregrinos que, na véspera do plenilúnio, descem de suas ermidas, e vêm aqui prestar sua homenagem ao bem-amado Buda.

Mais adiante, vimos alguns homens armando uma fogueira com madeira de sândalo.

– Breve virá a noite – disse o rajá – e eles estão preparando a fogueira do ritual de Wesak. Dizem que, quando participamos de um ritual, ajudamos a gerar uma força redentora para toda a humanidade.

– Como assim? – indagamos.

– No ritual, os pensamentos e aspirações de todos os participantes, unindo-se às forças da natureza e às energias divinas, criam um poderoso vórtice para o bem, um pensamento absoluto, que atrai para a Terra o poder e a vontade de Deus.

Escolhemos um lugar perto do grupo dos ascetas e nos sentamos no chão, silenciosamente, à espera da grande cerimônia ritualística. Os peregrinos foram chegando em religioso silêncio. Sentavam-se, ordenadamente, no chão, tendo o cuidado de deixar um amplo espaço livre diante do altar. Todos vestiam longas túnicas amarelo-laranja – a cor dos discípulos de Gautama, o Buda.

O rajá tinha providenciado para que também vestíssemos túnicas de algodão amarelo, por cima das pesadas roupas de lã, pois o frio era intenso. Também tínhamos nos purificado de acordo com a tradição, tomando um banho com pétalas de rosas brancas, e defumado nossos corpos e nossas roupas com incenso e benjoim.

Observamos, em silêncio, os rostos graves e serenos dos ascetas que estavam perto de nós. De repente, um deles se levantou. Era um velho alto e esguio e toda a sua pessoa emanava um grande magnetismo. Uma menina, de uns sete anos, aproximou-se e entregou-lhe uma caixinha de laca vermelha. O velho a abriu e foi tirando pós coloridos, verde e alaranjado. Com esses pós, traçou um grande círculo de uns três metros de diâmetro. No meio do círculo vieram se sentar três velhos ascetas. Seus rostos tinham uma expressão tranqüila e hierática.

Uma pequena orquestra, composta de flautas e gongos, começou a tocar uma música muito suave. Sob o céu estrelado, sentados no chão com as pernas cruzadas, na postura do lótus, os ascetas balançavam o corpo ao ritmo de um cântico suave, elevando suas preces ao Cosmos, enquanto, perto deles, subia a espiral prateada do incenso. No Oriente, nenhuma cerimônia mística está completa sem a queima de resinas aromáticas. O costume de queimar incenso não é uma fantástica superstição nem um rito extravagante, mas, sim, um símbolo da harmonia do homem com a grande Consciência Cósmica, por meio da prece e da meditação. Ademais, o uso do incenso é inteiramente científico. Todos os que estudam ocultismo sabem que não há matéria morta, mas todos os seres e todas as coisas da natureza possuem e irradiam suas vibrações ou combinações de vibrações. Cada elemento químico tem, portanto, suas influências peculiares, que são úteis em determinado sentido e inúteis e até mesmo nocivas, em outros. Quando misturamos diferentes resinas, como o incenso, o benjoim e a mirra, elas ao serem queimadas estimulam as emoções puras e nobres, purificando aquela parte da natureza humana chamada corpo emocional ou astral. Seu efeito é semelhante ao de um desinfetante, que, ao se espalhar pelo ar, destrói os germes patogênicos, embora o incenso e outras resinas aromáticas atuem nos planos superiores da matéria sutil.

À medida que o cântico dos ascetas se elevava, numa suave cadência, um lama, vestido com um rico manto amarelo, que, segundo soube, tinha vindo de um mosteiro da cidade santa de Lhassa, estendeu as mãos finas e magras sobre o braseiro perfumado.

– Que será que ele está fazendo? – perguntei.

E o rajá respondeu:

– Magnetizando o incenso para aumentar seu poder, estimulando nosso corpo fluídico a fim de percebermos melhor as emoções que nos vêm dos planos superiores.

Cerca de uma hora antes do plenilúnio, houve um estranho fenômeno, que ainda hoje custo a acreditar. Vimos, nitidamente, formar-se perto dos três ascetas que estavam sentados no meio do círculo colorido uma nuvem cinzenta. A nuvem condensou-se aos poucos, até formar a figura de um homem jovem ainda, de pele morena, traços finos e olhar brilhante. Vestia uma túnica branca flutuante e envolvia sua cabeça um turbante de seda azul-claro.

– Que maravilha! Quem é ele? – indaguei perplexa.

– É a forma fluídica do mestre ascensionado El Morya, um dos grandes mestres da Fraternidade Branca do Oriente – explicou o lama Kazi. – Ele é o Senhor do primeiro raio cósmico que representa a força, o poder e a proteção da vontade divina; por meio dele é manifestada no Universo essa vontade. Estadistas, guias e orientadores da humanidade, homens com grande tendência para a realização de um ideal construtivo, possuem em seus corpos etéricos uma larga faixa de cor azul, pois estão em harmonia com o mestre El Morya.

– Ah! – exclamei interessada. – Fale mais sobre ele!

E Kazi continuou falando:

– Consta que ele viveu num continente antiqüíssimo, que há milênios desapareceu da face da Terra. Seu santuário fica ao pé da montanha do Himalaia, na cidade de Darjeeling. El Morya é o grande mestre que tem responsabilidade sobre a orientação e o desenvolvimento da Ásia e seu povo. Ao mesmo tempo, pertence-lhe o controle dos governos de todo o mundo. Dizem que, no tempo de Jesus, foi ele Melchior, um dos três reis sábios do Oriente. Depois encarnou como o lendário rei Artur, da sagrada Taça do Santo Gral, e sua última encarnação foi como o poeta irlandês Thomas Moore. Junto com ele, trabalham também, no primeiro raio cósmico azul, o arcanjo Miguel e o poderoso elohim Hércules.

– El Morya! – repeti comovida, enquanto olhava a maravilhosa materialização de sua forma fluídica.

Era como se o nome do mestre pusesse uma nota de paz na minha mente e na minha alma. Seus grandes olhos azuis tinham um brilho tão intenso, que penetravam o mais íntimo do meu ser.

Ao lado dele, vimos aparecer uma luminosidade branca, com cerca de meio metro de altura e uns vinte centímetros de largura. Era a primeira vez que assistíamos a um fenômeno de materialização e ficamos incrédulos e, ao mesmo tempo, alegres e maravilhados.

A luminosidade branca desapareceu rapidamente e logo surgiu diante de nós a figura magnífica de um velho de rosto fino e aristocrático, longas vestes brancas e cabelos grisalhos, repartidos ao meio e caindo-lhe pelos ombros em sedosas ondas. Ele movimentou os braços num gesto de bênção e andou até ao centro do círculo onde estavam os três ascetas. Tinha uma aparência normal, como teria qualquer um de nós, vestido de branco.

Cinco materializações sucederam-se a essa, num curto espaço de tempo. Todos tinham uma linda formação de ectoplasma, envolta por uma viva fosforescência meio azulada, dando a impressão do crepitar de uma chama.

Isso, para nós, era espantoso! Mas, para todos que estavam ali, não parecia nada anormal. Eram fatos que confundiam nossa inteligência, pois, embora já tivéssemos ouvido falar sobre fenômenos de materialização, ainda não tínhamos visto nenhum. Muitas das investigações de cientistas, como Charles Richet, professor da Universidade de Paris; Enrico Morseli, famoso psiquiatra italiano; sir Oliver Lodge e numerosos outros nomes importantes, já eram do nosso conhecimento. Mas, presenciar tantas materializações assim, numa noite de lua clara, em plena mata oriental, era algo deslumbrante e quase inacreditável.

Observamos que os seres materializados conversavam naturalmente com todos os presentes e o mais curioso era que, embora falassem no idioma tibetano ou páli, cada um de nós entendia suas palavras como se fossem ditas em nossa própria língua, num misterioso fenômeno telepático...

A um sinal do mestre Morya, trouxeram uma tigela de ouro cheia de água de uma nascente próxima. O mestre segurou-a delicadamente entre as mãos e a colocou sobre o altar, entre as grinaldas de flores.

Começaram então os cânticos mais sagrados. Uma doce brisa melódica chegou aos meus ouvidos. A isso seguiu-se uma explosão de música de uma beleza perfeita, mas diferente de qualquer outra que eu já ouvira. Tinha sons de uma delicadeza e ternura penetrantes, impossíveis de descrever. Eu escutava perplexa e deslumbrada.

Ao meu lado ouvi a voz de Kazi, dizendo baixinho:

– Apenas os fragmentos do grandioso cântico dos mestres é que chegam aos seus ouvidos, pequenina irmã!

Sentia-me comovida, incapaz de falar. Um doce espanto grudava meus lábios. Gostaria de perguntar muitas coisas ao lama Kazi, mas era como se eu estivesse com a mente em branco.

Kazi percebeu a minha emoção e continuou dizendo:

– Dentro em pouco se materializará aqui toda a grande assembléia dos mestres da Fraternidade Branca do Oriente. Essa fraternidade foi fundada há doze mil anos, no princípio da Idade Negra, ou ***kaliyuga***, que terminou em 1918. Assim cumpriu-se um ciclo evolutivo e começou outro também de doze mil anos. O regente dessa fraternidade é o Maha-Guru Baghavan Naraiana. Depois dele vêm os 39 Anjos Planetários e que vivem em Badari Vana, região montanhosa ao norte do Himalaia e que serve de centro para a poderosa atividade dos mestres.

Fiquei ouvindo em silêncio. Logo minha atenção foi atraída por uma intensa luminosidade que se fez diante do altar.

Novos sons maviosos vibraram no ar, e então, por uma grande nuvem luminosa, surgiram os mestres que regem a Fraternidade Branca do Oriente. A princípio pareciam seres etéreos, vestidos com amplas túnicas brancas que flutuavam no ar, sem tocar a terra. Pouco a pouco suas figuras luminosas foram se adensando, até que se tornaram muito reais. Um deles falou:

– Nós, os seres cósmicos, os elohins, os arcanjos, vos chamamos e vos estendemos nossas mãos, ó humanidade sofredora! Deixai a discórdia da Terra e tornai-vos nossos discípulos; tornai-vos o canal, a taça de cristal resplandecente de luz, por onde fluirá o nosso amor, nossa sabedoria e nosso poder. Ergo a minha mão direita e envio jatos de chamas azuis a todos que precisem de uma intervenção divina! Nada resiste a esta luz cósmica, nada pode subsistir que não seja luz!

Vimos que de suas mãos diáfanas emanavam grandes luzes azuis.

Ficamos confusos. Estaríamos mesmo vendo tudo aquilo, ou, acaso, éramos vítimas de uma sugestão hipnótica? Não tive tempo para raciocinar, pois logo, acima do altar, vimos formar-se um grande sol luminoso como se refletisse a luz de milhares de sóis. Desse sol saíram sete raios dourados que se irradiaram sobre todos nós e logo se fundiram numa brilhante forma imprecisa.

– Olha! É o Buda Maitreya que vem abençoar a humanidade! – murmurou o rajá Dorge, trêmulo de emoção.

Eu mal podia acreditar nos meus próprios olhos.

E todos cantaram:

– Tudo está pronto. Vem, ó Mestre! Vem!

Era o momento do plenilúnio. Pouco a pouco a aparição foi se definindo, até que vimos a figura do Buda Maitreya, o Buda do futuro.

Todos se ajoelharam e inclinaram a cabeça, logo ergueram o busto e, com as mãos estendidas para a divina aparição, cantaram implorando sua bênção.

O Ser Excelso que flutuava acima do altar aparecia sentado, com as pernas cruzadas na postura do lótus, vestido com uma túnica amarelo-dourada. A mão direita apontava para o céu e a esquerda para a terra. Seu belo rosto cor de marfim refletia uma beleza extraterrena e uma grande serenidade. Os olhos eram intensamente azuis, de um lindo azul-violeta; os cabelos escuros, lisos e brilhantes, caindo-lhe sobre os ombros.

Terminados os cânticos, o Ser Excelso pegou a tigela dourada que estava sobre o altar e, durante um momento, ergueu-a acima de sua própria cabeça. Ao repor a tigela sobre o altar, ele sorria bondosamente.

De súbito, uma chuva de pétalas de flores caiu sobre todos nós e um perfume maravilhoso espalhou-se pelo ar. Logo, a aparição de Buda esboçou um gesto de bênção e aos poucos foi desaparecendo, até sumir completamente.

O povo cantou a saudação do ritual:

"– *Hari*! *Om*! *Tat*! *Sat*!" ("Senhor Tu És Aquilo! Inexpressável Unidade!")

À medida que o Buda Maitreya – a representação máxima da força crística – desaparecia, foram desapare-

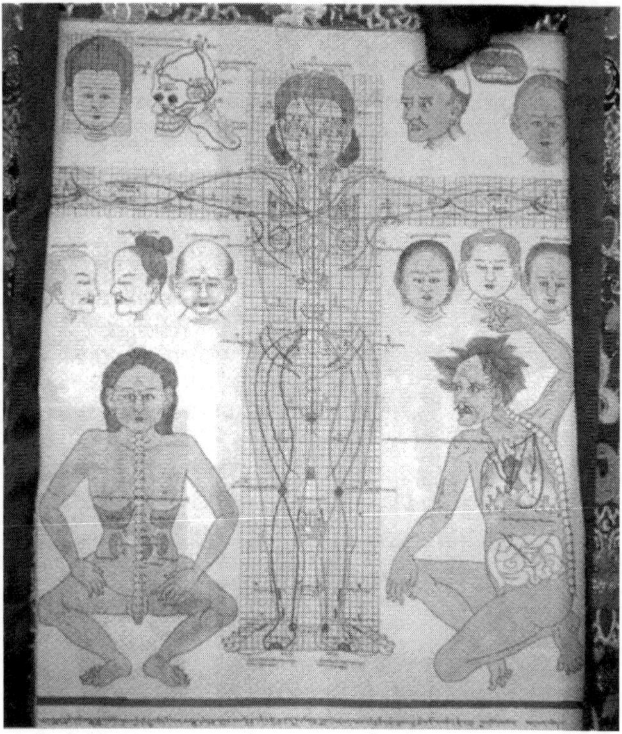

cendo também as formas materializadas dos mestres da Fraternidade Branca do Oriente.

A uma ordem dos ascetas que regiam a cerimônia, formamos uma fila e cada um de nós bebeu um pouco da água que estava na tigela de ouro, contendo as vibrações do Buda Maitreya.

Depois, todos se saudaram, unindo a palma das mãos sobre a testa, num sincero *namastê*, e cada um foi se retirando.

Por algum tempo fiquei imóvel, perguntando a mim mesma se tudo o que vira não fazia parte de uma visão fantástica ou de um sonho. Até hoje não posso explicar as desencontradas emoções que senti durante o santo Festival de Wesak aos pés do Himalaia. Hoje, ao tentar reconstituir esse tesouro de lembranças que guardo na minha alma, repito para mim mesma o velho provérbio chinês do ***Shan Hai King***, ou ***Livro das Terras e Mares***:

> As coisas que o homem conhece verdadeiramente, não podem ser comparadas em número com as que lhe são desconhecidas...

Ao recordar as visões do Festival de Wesak, sinto-me ainda à mercê de uma força impenetrável e misteriosa que faz com que eu pare de ser eu mesma, para me transformar no canal difusor dos sublimes ensinamentos dos mestres da Fraternidade Branca do Oriente.

Que eles nos abençoem e nos ajudem a cumprir nossa missão sobre a Terra!

2

O formoso lago dos lótus brancos – Os vampiros da floresta de Nathu-Lha – O mosteiro de Kargyompa – A vida entre os lamas – O punhal mágico do rei Langdharma.

O formoso lago dos lótus brancos

Após três semanas em Gangtok, conseguimos a ambicionada autorização de trânsito do governo tibetano. Deixamos, então, o palácio do rajá Dorge e partimos em direção à floresta de Nathu-Lha. Essa primeira etapa, rumo ao Tibete desconhecido, foi a mais difícil de ser organizada. As cargas deviam ser cuidadosamente ajustadas às costas dos animais, e Tsarong – o secretário particular do rajá – insistiu para que levássemos bastante agasalhos, mantimentos e chá.

Afinal, tudo ficou pronto. O rajá e suas três esposas, sempre amáveis e hospitaleiros, acenaram-nos um adeus, desejando boa viagem. Generosamente, nosso anfitrião enviou-nos duas pessoas para nos acompanhar na longa jornada: Tsering Khan, uma jovem cozinheira tibetana que ansiava rever sua terra, e o lama Dawa Kazi, que ficaria em Lhassa, terminando sua peregrinação mística. Kazi ficou sendo então o guia da nossa pequena caravana. Quando o último animal cruzou a divisa de Gangtok, e voltamos a cabeça para olhar o majestoso monte Kichijunga, sentimos grande alegria. Finalmente, estávamos a caminho do mais desconhecido e misterioso país do mundo!

Cavalgamos por um caminho forrado de pedras grandes e lisas. Algum tempo depois entramos na floresta, onde

Mahima, esposa do dr. Vessantara.

tivemos que conduzir nossos cavalos cuidadosamente, pelo caminho estreito e lamacento, ladeado por gigantescos bambus e figueiras selvagens.

Nada pode dar idéia da luxuriante mata do Himalaia. À medida que íamos contornando o vale do rio Tista, os últimos murmúrios da civilização gradualmente desapareciam. Tivemos a impressão de que subíamos em direção às nuvens, deixando para trás este mundo científico e técnico, que tanto tem afastado o homem da natureza...

A abundância de água nos vales do Himalaia é qualquer coisa que faz medo. Por todas as partes vimos cascatas, rios, lagos e fontes. De quando em quando lianas e cipós abriam-se timidamente, deixando ver lindas flores desconhecidas. Aos poucos pude compreender como aquela serena atmosfera pôde inspirar Sidarta Gautama, o Buda, a procurar um caminho mais rápido que levasse o ser humano à eternidade.

A voz de Mahima interrompeu meus pensamentos:

– Veja! Ali está Karponang!

Vimos um aglomerado de casas brancas. Mais adiante, um oceano de brumas, no qual íamos mergulhando pouco a pouco. Estávamos a uma altitude de 2.750 metros. Quando deixamos para trás a névoa, avistamos o formoso lago Changu. Continuamos cavalgando durante várias horas, até chegarmos à floresta de Nathu-Lha.

O caminho estava marcado por várias bandeiras de preces, como é comum no Tibete. São feitas de pele de carneiro bem curtida, e nelas os lamas gravam a fórmula sagrada: ***Om Mani Padme Hum!***, que, entre outras coisas, significa "O meu Deus que estás em mim!". Essas bandeiras de preces são suspensas por cordões de crina de iaque – espécie de boi peludo tibetano – e atadas a uma árvore por uma corda grossa. Oscilam nos galhos e é crença geral de que o vento leva as preces ao Criador. E o que passar por elas e agitá-las com fé, obterá o mérito da bênção de Gautama Buda, o Sublime. E quantas vezes o fizer, tantas serão as bênçãos recebidas.

Quando a caravana passou por um monte de pedras encimado por outras bandeiras de preces coloridas, com várias inscrições budistas, os tibetanos que estavam conosco desmontaram e colocaram mais uma pedra no monte, murmurando a tradicional ladainha ***So Ya Lo Se!***. Soube, depois, que essa frase significa "Salve a jóia do lótus!" sendo Buda a jóia. Essas palavras também estão gravadas nos moinhos de orações encontrados em todos os templos e casas tibetanas.

Entardecia quando chegamos ao umbral da floresta. Resolvemos acampar numa clareira. Os animais foram aliviados de suas cargas, as tendas de couro armadas e logo acendemos uma boa fogueira. Sentamo-nos em volta da fogueira, enquanto a cozinheira Tsering Khan preparava uma frugal refeição. Quando terminamos de comer já era noite cerrada. Fazia bastante frio, pois estávamos numa grande altitude. Embora vestindo pesadas roupas de lã forradas de pele de castor, ainda assim sentíamos muito frio. Ao longe, os montes Himalaia, cobertos de neve, brilhavam à luz da Lua. Cansada pela longa jornada, fechei as cortinas da minha tenda e fui repousar.

Os vampiros da floresta de Nathu-Lha

Todos se recolheram e logo tudo era silêncio. Ouvia-se, apenas, o crepitar da fogueira. Eu estava quase dormindo quando ouvi um estranho vozerio do lado de fora. Levantei-me, abri a tenda e olhei. Vi somente dois criados sentados calmamente junto ao fogo, fumando seus longos cachimbos de barro. Pareciam alheios ao ruído. Senti um calafrio. Olhei para a mata e vi, por entre as árvores, cobertas de musgo, as ruínas de um maravilhoso palácio. Iluminadas pela luz da Lua, eram de uma beleza singular. Uma força sobrenatural parecia empurrar-me naquela direção. Cheguei a dar alguns passos fora da tenda, mas algo dentro de mim fez-me parar. Após uma certa relutância, fiquei parada, olhando as maravilhosas ruínas que os dois criados pareciam não ver. Que palácio era aquele? – perguntava a mim mesma. De quem teria sido? Que tesouros arqueológicos encerraria? Senti contato com um passado longínquo e acudiram à minha mente evocações de tempos fabulosos. Diante de mim, entre montanhas numerosas, aquelas ruínas fascinavam-me num apelo mudo. Pensei ver diáfanas sombras que pareciam acenar-me. Mas... Sem saber como, uma força poderosa obrigou-me a desviar os olhos. Fechei apressadamente as cortinas da tenda e fiquei deitada sobre o colchão de borracha, pensando no mistério de tudo aquilo. Pouco a pouco fui adormecendo e o sono acalmou minha agitação.

Na manhã seguinte, bem cedo ainda, procurei o lama Kazi. Ele conhecia toda aquela região e poderia acompanhar-me numa visita às ruínas ali próximas. O lama olhou-me surpreso.

– Que ruínas, minha jovem senhora? – indagou.

Contei-lhe então o que ocorrera durante a noite.

Kazi ficou pensativo por um instante. Depois falou convicto:

– Essa visão não passou de uma grande Maya (ilusão).

– Como assim? – perguntei, perplexa.

E ele prosseguiu falando:

– Nesta região, muita gente costuma ver ruínas fantásticas durante a noite. Mas elas não são reais. São criadas pela vibração do pensamento dos lendários vampiros Tisas que há séculos vivem nesta floresta... Com os fios dos seus pensamentos, tecem uma teia mágica, com a qual atraem os incautos, para sugar-lhes o sangue. Depois, abandonam o corpo em algum lugar da floresta e os corvos se encarregam dele.

E Kazi contou que o Tibete é cheio de esqueletos mal-assombrados por demônios, dos quais conhecia muitos exemplos macabros. De um extremo a outro o país está cheio de feiticeiros, magos, místicos, filósofos, ermitões e santos homens. É geral a crença num mundo espiritual, povoado de seres invisíveis, uns bons outros maus que em certas ocasiões aparecem aos mortais que têm o dom da mediunidade.

Certamente, a negação rotunda desses fatos é o único recurso dos críticos, o mais seguro abrigo em que se refugiará algum dia o último dos céticos. Inútil é conversar, ou tentar convencer, com quem nega sistematicamente os fatos do adversário, evitando assim ter que conceder algo. Creuzer – o mais erudito dos mitólogos alemães – talvez tenha invejado a plácida confiança em si dos céticos, ao ver-se forçado a admitir, num momento de desesperada perplexidade, que:

> Somos obrigados a retroceder às teorias dos gnomos, e dos gigantes, tal como os compreenderam os antigos; pois, sem elas, é absolutamente impossível explicar algo referente aos mistérios mitológicos.[1]

1 Creuzer. *Introdução aos Mistérios.* Vol. III. pág. 456.

O mosteiro de Kargyompa

Ao sairmos da floresta de Nathu-Lha, alcançamos um caminho sinuoso, que parecia conduzir-nos aos píncaros do céu. Fomos subindo e, a cerca de uma altitude de 3.600 metros, todos os traços da vegetação da mata foram desaparecendo. Aqui e ali víamos apenas gigantescos carvalhos e rododendros, que também foram rareando, para dar lugar a velhos pinheiros.

Fomos andando e, ao alcançarmos as margens de um rio, vimos um enorme boi peludo, que os tibetanos chamam de iaque. Ele bebia água tranqüilamente e pareceu ignorar nossa presença. Continuamos a andar. A 3.900 metros, desapareceram todos os traços de vegetação. Abismos e precipícios, rochas e cavernas de pedra semeavam o caminho. O frio era intenso, à medida que continuávamos subindo. Quando atingimos 4.300 metros, começou a nevar. Lagos e rios, rochas e montanhas pareciam blocos de gelo; tive a impressão de que ia morrer de tanto frio!

– Faça a respiração yogui para esquentar o corpo –

Nosso acampamento nas montanhas de Karponang, numa altitude de 2.950 metros.

aconselhou o dr. Vessantara.

Obedeci. Pouco depois, consegui equilibrar minha circulação. Fiquei mais calma e animada a prosseguir. A região era gelada, mas belíssima. Afinal, chegamos à fronteira entre Sikkim e o Tibete. Paramos no alto da montanha e, pela primeira vez, profundamente emocionada, olhei a terra tibetana.

Pareceu-me uma imensa massa de montanhas nevadas e vales profundos, cheios de nuvens. Cautelosamente, prosseguimos viagem pelos caminhos nevados. A descida era tão íngreme que tivemos de desmontar. Mas, de repente, a neve parou de cair. Os primeiros raios do Sol começaram a brilhar timidamente, até que o Sol foi esquentando e tanto a neve como o gelo foram desaparecendo e vimos novamente a terra. Para nós, isso foi um espetáculo estranho e maravilhoso!

Era quase inacreditável observar essa transformação dentro de poucas horas.

– São milagres do vale de Chumbi... – explicou o lama Kazi.

Apareceram os pinheiros e logo algumas florzinhas silvestres vermelhas e azuis, cada vez mais numerosas, à medida que descíamos rumo ao vale. Entardecia quando acampamos no formoso vale de Chumbi. Após uma noite serena e repousante, prosseguimos viagem. Eram cerca de duas horas da tarde, quando vimos o mosteiro de Kargyompa. Era uma singela construção de pedra no alto da montanha, mas de grande beleza.

– Neste mosteiro vivem uns 60 lamas e 30 noviços ou *trapas* – falou Kazi. – Seria bom irmos até lá!

À medida que nos aproximávamos, fomos vendo, gravadas nos altos muros de pedra, pinturas representando deuses lamaístas. Na entrada do mosteiro havia uma fonte cristalina, onde os animais pararam para beber. A força hidráulica fazia girar um grande moinho de preces, fixado dentro da fonte.

Assim que passamos os grandes portões abertos de par em par, veio ao nosso encontro um monge baixinho, gorducho e sorridente. Sorriu ainda mais quando Vessantara entregou-lhe uma bolsa cheia de dinheiro e pediu-lhe pousada para nós. Explicou que vínhamos da Índia e íamos visitar os lugares santos do Tibete.

– Meu nome é Om Tsé – falou. – Entrem e sejam bem-vindos!

Fomos andando em direção a um pátio sombreado por árvores centenárias. Grupos de *trapas* ou noviços, usando longo hábito de lã cinza-clara, colhiam amoras na ala oeste. Observamos que todos tinham cabelos compridos e lisos caindo-lhes pelos ombros e usavam um barrete pontudo de pele de iaque. Mais tarde soubemos que esse chapéu é uma das características dos noviços de Kargyompa. Conduzidos por Om Tsé, entramos numa grande sala forrada com uma espécie de tatamis ou esteiras de palha de arroz. No fundo, vimos um altar de mármore branco, com um grande Buda sentado sobre uma flor de lótus. A estátua era de bronze polido e, numa doce atitude meditativa, Sidarta Gautama, o Buda, nos olhava.

– Esperem um momento – disse Om Tsé –, vou avisar vossa chegada ao Grande e Precioso lama Rimpoche.

No Tibete é costume, quando visitamos alguém, levarmos uma echarpe de seda branca chamada *ka-ta*. E, em troca, recebemos outra semelhante.

Alguns momentos depois apareceu o lama Rimpoche, seguido por Om Tsé. Dessa vez tive uma surpresa agradável, pois o lama Rimpoche parecia ser sábio e inteligenfe, ao contrário de Om Tsé, que parecia simplório.

O Grande e Precioso lama era um homem alto, magro, de uns 70 anos presumíveis. Brilhava em seus olhos amendoados uma luz tranqüila e radiosa. Ele vestia uma túnica amarelo-açafrão, de uma elegância nobre e remota. Na cabeça usava o mesmo barrete pontudo de pele de iaque, sobre os cabelos brancos e lisos. Por entre as pregas de sua túnica vimos um grande punhal, cujo cabo, incrustado de turquesas – a pedra sagrada do Tibete –, era uma obra de arte preciosa. Estranhei. Afinal, por que motivos um lama andava armado? Não havia explicação lógica no momento. Mais tarde soube a estranha e maravilhosa história daquele punhal.

Após a troca das echarpes de seda, o lama Rimpoche conversou longamente com Kazi, em tibetano. Embora nada compreendesse, senti uma certa emoção ao ouvir sua voz grave e macia. Após um breve diálogo, o grande e precioso lama saudou-nos com um leve sorriso e retirou-se.

– O abade concordou em que ficássemos aqui, até passarem as grandes chuvas – disse Kazi, enquanto Om Tsé nos conduzia aos aposentos dos hóspedes, situados na ala norte do mosteiro.

A vida entre os lamas

Estava ocupada em arrumar meus pertences num grande alforje, como é costume no Tibete, e a dobrar o meu colchão de borracha forrado de lã, pois no mosteiro não há camas nem cadeiras (os lamas sentam-se sobre almofadas e dormem no chão sobre o próprio hábito), quando ouvi soar um gongo.

Olhei através da grande janela e vi os lamas reunidos no pátio. Uma música estranha chegou aos meus ouvidos. A orquestra era reduzida, formada de dois *gyalings* (espécie de oboés), duas *ragdongs* (enormes trombetas de metal, típicas do Tibete, de três ou quatro metros de comprimento) e dois tambores.

– Que reunião será essa? – indaguei a mim mesma.

Um instante depois bateram na porta da cela. Era a esposa de Vessantara. Com o rosto moreno afogueado e os grandes olhos escuros muito brilhantes, ela falou:

– Venha! Vamos assistir à cerimônia da saudação ao Sol poente.

Descemos uma tosca escada de pedras e logo nos encontramos no pátio, diante dos lamas. Vi um altar primitivo, feito de pedras rosadas. Nele brilhavam as chamas de uma tocha, que soubemos depois simbolizar os quatro princípios da natureza. Além, no horizonte azul, picos abruptos surgiam entre as nuvens e o Sol poente derramava um cálido brilho em toda a paisagem. Aproveitamos a claridade para tirar uma foto dos lamas tocando as longas trombetas. Mas, a um sinal de Kazi, tivemos de guardar a máquina, pois as fotos são proibidas.

O abade Rimpoche estava em pé, olhando para o oeste, com os braços estendidos para o alto e as palmas das mãos para cima. Pareciam indicar que ele recebia, agradecido, a luz divina.

Enquanto isso, a orquestra dos lamas continuava a tocar em surdina. A música fluía pura, límpida e serena; baixinho, os lamas murmuravam estranhas orações. Quando a cerimônia terminou, já era noite. Foram acesos diversos lampiões de óleo de iaque, muito usados no Tibete.

Fomos conduzidos ao refeitório. Uma sala ampla, forrada de tatamis ou esteiras de palha de arroz, onde uma fileira de mesinhas baixas estava coberta com alvas toalhas de algodão, tecidas no próprio mosteiro. Sentamo-nos no chão, sobre almofadas, com as pernas cruzadas. A refeição constava de arroz integral cozido com ervas aromáticas, frutas, coalhada e mel silvestre. Após a refeição, todos nos recolhemos aos nossos aposentos.

De madrugada, começaram as fortes chuvas, o que é muito raro no Tibete, país seco e árido.

Com o correr do tempo, fomos aprendendo alguns costumes dos lamas, colhendo lendas e tradições, gravando suas estranhas músicas e procurando sempre conhecer algo mais sobre a vida dos lamas naquele longínquo mosteiro.

A disciplina religiosa parecia ser bastante severa. O dia começava às quatro horas da manhã – tal como na Índia –, que dizem ser a hora santa de Brahma, o Criador. Após as orações matinais, faziam uma refeição frugal, à base de chá com bastante manteiga de iaque e broas de cevada. Em seguida, iam trabalhar em diversos setores. O serviço doméstico era feito alegremente, pois todos acreditam na santidade do trabalho manual, não evitando nenhum serviço, por mais humilde e desprezível que seja. Diversas vezes vimos, com espanto, o abade Rimpoche, na cozinha, preparando o tsampa, cevada torrada cozida com manteiga e água, que é o alimento principal dos tibetanos. Também costumam misturar cevada com chá quente. A mistura era mexida vigorosamente sobre o fogo brando, até ficar bem cremosa. Juntavam, depois, sal e manteiga de iaque. O resultado é uma massa elástica, que pode ser enrolada em bolos de várias formas decorativas. Soubemos que alguns feiticeiros costumam fazer com essa massa as famosas *tormas*, bolos ou tortas voadoras, que amedrontam e assombram os tibetanos.

A história dessas *tormas* está ligada à magia negra e é das mais curiosas. Elas têm forma cônica. Consta que, primeiro, os feiticeiros fazem um rito especial, chamando os deuses protetores. Dizem que, mal eles terminam a invocação, as *tormas* se animam como se tivessem um demônio dentro, começam a voar e, viajando pelo ar como pássaros maléficos, entram nas casas das pessoas que os magos negros querem enfeitiçar, causando grandes estragos. Quando alguém tenta segurar uma dessas *tormas*, cai logo morto, vítima de um estranho poder infernal.

Soubemos que, no Mosteiro de Kargyompa, o ensino monástico consiste dos seguintes estudos: filosofia oriental e metafísica; ritual, magia e astrologia; medicina natural e o poder das ervas; regras monásticas do lamaísmo; traçado dos círculos mágicos ***Kyilkhos ou Kiikors***.

O traçado desses círculos mágicos é curioso e lembra muito o traçado dos pontos umbandistas do Brasil. Tivemos a oportunidade de ver alguns, durante nossa estada em Kargyompa. São uma espécie de diagrama, desenhados no chão ou no papel, bem como sobre metal, pedra ou madeira. Há uma grande variedade deles. São desenhados com pós coloridos, lembrando a pemba africana, em diversas camadas, que permitem assim um desenho em relevo. Alguns têm cerca de três metros de diâmetro. No centro, são colocadas lamparinas de azeite, velas e bandeirolas de papel colorido com inscrições mágicas. Os lamas levam anos estudando as regras do ***Kyilkhos ou Kiikors.*** O menor erro no desenho, nas cores ou na disposição dos acessórios pode acarretar maus resultados. Dizem os lamas que esses círculos ou pontos mágicos são como facas de dois gumes; ferem e matam aqueles que não sabem desenhá-los. Cada variedade de círculo exige uma iniciação diferente. Se for traçado por uma pessoa não-iniciada, não tem nenhum poder.

Os lamas animam magicamente esses círculos e também as imagens dos santos ou demônios, antes de render-lhes culto. Esse rito chama-se ***prana pratisha*** e tem por objetivo transmitir fluidos psíquicos que são absorvidos pela imagem. Esses fluidos parecem que dão vida às imagens. Essa vida se conserva enquanto houver um culto diário, tanto ao círculo mágico como à estátua. Ela se alimenta da concentração mental daquele que praticou o rito. Se faltar esse alimento sutil, os fluidos morrem e o objeto volta a ser matéria inerte.

Consta que esses ritos são praticados tanto pelos lamas do Chapéu Vermelho como pelos lamas do Chapéu Amarelo. A história dessas duas congregações que formam o clero tibetano é muito curiosa e merece ser transcrita:

Em épocas bem remotas, o Tibete foi governado pelos ***Bon,*** ou feiticeiros. Mas, em 1368, um santo lama, chamado Tsong Kapa, discordou das normas nigromantes dos feiticeiros e empreendeu uma reforma religiosa, proibindo a magia negra e o casamento dos monges. Formaram-se, então, dois grupos antagônicos: os lamas do Chapéu Amarelo, seguidores de Tsong Kapa, e os lamas do Chapéu Vermelho, adeptos dos feiticeiros. Durante muitos anos, houve uma grande luta, mas por fim venceram os lamas do Chapéu Amarelo, chefiados por Padma Sambhava, um dos maiores heróis do Tibete. Mas, ainda hoje, são muitos os mosteiros da seita vermelha espalhados por todo o País das Neves. Consta que no Mosteiro de Emche há um lama do Chapéu Amarelo que é abade de monges da seita vermelha, num maravilhoso sincretismo. Esse fato não é raro no Tibete, talvez porque os magos brancos desejem dar uma chance de maior sabedoria aos magos negros.

Na véspera de nossa partida rumo ao coração do Tibete, tivemos uma conversa muito interessante com o abade Rimpoche, do Mosteiro de Kargyompa, onde estávamos hospedados. Tendo Kazi como intérprete, traduzindo as palavras do abade para o inglês, indaguei:

– Por que os grandes iniciados são sempre do sexo masculino?

– Não é comum encontrarmos uma criatura que alcance a grande iniciação, enquanto habita um corpo feminino, embora haja exceções. A mulher representa a força lunar negativa ***Yin*** da natureza. Ela tem 10 ***chakras*** ou centros de força energética sutis e não tem o dom da criação que está no sêmen masculino. Em tibetano chamamos esses centros de ***khorlos***, rodas ou centros de força magnética sutil.

– Como são esses centros de força magnética sutil? – indaguei muito interessada.

– Dizem nossos velhos sábios que o corpo humano tem sete centros psíquicos ou sutis de grande importância. São vórtices, ou rodas vibratórias semelhantes a um lótus – a flor sagrada de toda a Ásia. Correspondem ao corpo espiritual dos plexos nervosos que há em todo ser humano. Os mais conhecidos são sete. Mas existem outros centros de força sutil magnética, só conhecidos nas altas etapas da iniciação. No homem são nove – o número perfeito. Na mulher são 10. Sete conhecidos e três ocultos.

– Onde estão situados esses centros de força magnética sutil?

– Começando de baixo para cima temos:

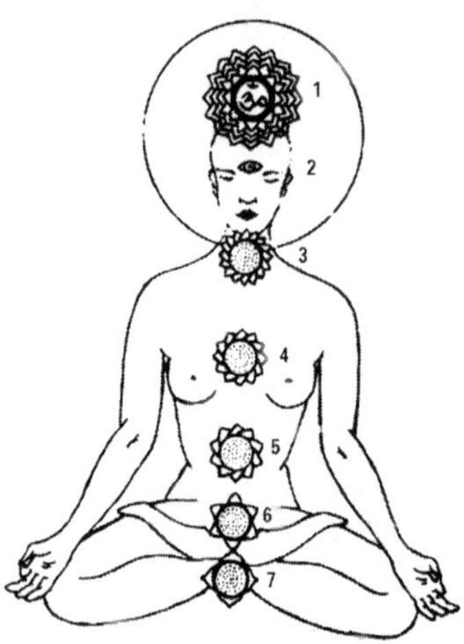

7 – *Muladara* – está ligado ao elemento terra. É a sede do desejo. Está localizado no plexo pélvico sobre o sexo. Tem a forma de um lótus de quatro pétalas.
6 – *Svadistana* – está ligado ao elemento água. Localiza-se na região do umbigo no plexo hipogástrico. Sua forma é a de um lótus de seis pétalas.
5 – *Manipura* – está ligado ao elemento fogo. Situa-se no plexo solar. Parece um lótus de 10 pétalas.
4 – *Anahata* – está ligado ao elemento ar. Corresponde ao plexo cardíaco. Parece um lótus de 12 pétalas.
3 – *Visbuda* – está ligado ao éter imponderável. Situa-se no plexo faríngeo. Parece um lótus de 16 pétalas.
2 – *Ajna* – situado entre os olhos. Dá aos homens o dom da visão e da clarividência. Parece um lótus de duas pétalas. Tem 48 vibrações.
1 – *Sahasrara* – é o coronário, situado no alto da cabeça. Corresponde ao revestimento cortical do cérebro. E representado simbolicamente por uma proeminência que vemos no alto da cabeça das estátuas dos Budas, os Sublimes Iluminados. Parece um lotus de mil pétalas. Quanto aos outros centros ocultos, nada mais pode ser dito...

Por um momento, o abade ficou em silêncio. Depois falou:

– Na futura raça dourada, que um dia nascerá no Ocidente, os centros de força magnética sutil, que estão ocultos, aparecerão.

– Por favor, venerável Rimpoche, fale sobre essa raça dourada! – pedi, sumamente interessada.

– A raça dourada formará a sétima raça do terceiro milênio. Haverá, então, em todos os países ocidentais, um aumento assombroso de inversões sexuais. Será o início de uma violenta fase de transição e preparação para uma forma de evolução biológica espiritual e moral mais elevada. Devemos, pois, ser tolerantes com esses seres em estado de transição evolutiva, cujo número aumenta cada vez mais no mundo.

– É verdade! – concordei, pensativamente.

O punhal mágico do rei Langdharma

As mãos magras e bonitas do abade acariciavam levemente seu lindo punhal tibetano.

– Que significa, para o senhor, esse punhal? – indaguei curiosa.

E, na sua voz grave e mansa, o abade respondeu:

– Este *purbha* – punhal mágico – foi retirado por meu guru, o venerável lama de Latchen, das mãos de um feiticeiro, cujos antepassados o roubaram do nosso antigo rei Langdharma. Os magos negros, há muitos séculos, enfeitiçaram este punhal e, então, ele passou a ser manipulado mentalmente a distância. Um dia... voou pelos ares e cortou o pescoço do rei Langdharma, que odiava os feiticeiros.[2] Desde então, todos que o tocavam, morriam, exceto os feiticeiros. Até que, um dia, o lama de Latchen, com sua grande sabedoria, venceu os feiticeiros. Apoderou-se do punhal e retirou-lhe a força maléfica. Quando completei minha iniciação, o mestre fez-me presente deste punhal encantado. Guardo-o como um talismã contra o mal.

2 Soubemos, depois, que há uma outra versão sobre o rei Langdharma, que afirma justamente o contrário. Muitos acreditam que o rei Langdharma pretendia restabelecer no Tibete o xamanismo – seita onde impera a feitiçaria – mas, devemos concluir que 90 por cento dessas histórias são puramente mitológicas. Que cada um escolha a sua própria versão. A verdadeira talvez nunca venha a ser conhecida.

– E o lama de Latchen vive ainda? – perguntei.

– Sim... ainda está vivo, apesar de ter mais de 400 anos...

– Como?

Essa assombrosa lenda de longevidade é demasiadamente fantástica para ser aceita por um raciocínio lógico.

O abade sorriu da minha incredulidade e prosseguiu:

– Através de certos ritos secretos, os gurus ou mestres podem conservar o corpo físico por tempo indefinido, até completarem a sua missão na Terra.

Naquela época, fiquei completamente incrédula, mas hoje, passados tantos anos e tantas experiências no campo espiritual, aceito as palavras do abade como verdades irrefutáveis.

– Como eu gostaria de conhecer o lama de Latchen! – exclamei curiosa.

– Mais cedo do que espera, esse encontro se dará – respondeu o abade.

– Mas, onde poderei encontrá-lo?

– Espere e verá – foi a enigmática resposta.

E, assim dizendo, o abade levantou-se, fez uma leve reverência e desapareceu, atrás dos pesados reposteiros cor de açafrão.

Na manhã seguinte deixamos o Mosteiro de Kargyompa e partimos rumo à cidade de Yatung. Cavalgamos durante horas pelo vale lamacento, bordado de pinheiros e rododendros. Vimos um bando de gazelas e logo depois nos deparamos com o maravilhoso lago ***Padma-Pulgo-Cho*** – ou lago dos lótus. As grandes folhas verdes, de caules longos e esguios, pairavam acima da superfície, realçando o colorido suave das flores. Vimos diversas variedades de lótus, branco, azul-claro, rosa e carmesim.

– Esta é a flor sagrada de toda a Ásia! – murmurou Mahima, com um brilho novo nos grandes olhos negros.

Era a primeira vez que víamos lótus coloridos, pois só conhecíamos o lótus branco da Índia e ficamos verdadeira-

Chiang Sing recebendo, das mãos do ex-embaixador Meira Penna, um punhal mágico do Tibete.

mente encantados. Os lótus tibetanos parecem maiores e de um colorido mais intenso.

Assim que chegamos às margens do lago, o lama Kazi desmontou e ajoelhou-se diante das flores. Paramos também e ficamos esperando. Ouvimos o cântico dos pássaros na margem oposta do lago. Logo, ouvimos também os roucos grasnidos de um corvo. Finalmente, o lama Kazi ergueu-se e veio para junto de nós.

– Perdoem-me – disse ele –, nós, os tibetanos, vemos nas flores de lótus a representação simbólica da Suprema Divindade. Julguei ser meu dever saudá-la, tal como mandam nossos antigos ritos.

– Foi bom pararmos aqui – retrucou o dr. Vessantara –, assim pudemos admirar calmamente esta bela paisagem. Na minha pátria – a Índia – o lótus é também considerado como emblema do Criador.

E, virando-se para a esposa, Vessantara falou:

– Lembras, Mahima, daquela lenda dos lótus descrita no livro *Xiva Purana*?

– Sim, lembro-me.

– Como é ela? – indaguei curiosa.

E Mahima falou:

– Conta-se que, certa vez, a deusa Dolma, do Tibete, pediu ao deus Brahma que lhe contasse a origem da flor de lótus. Quando o deus Vixnu ia criar o mundo – disse Brahma – fez surgir nas águas do Rio de Prata da Via-Láctea um formoso lótus branco, de cujas pétalas eu nasci. Quem sou eu? De onde vim? – perguntei atônito. Depois de pensar muito, cheguei à conclusão de que o lótus era meu pai e minha mãe. Então, resolvi descer por um dos caules, até alcançar a raiz da flor. Levei 100 anos descendo. Afinal, encontrei o deus Vixnu, que me repreendeu por ter feito aquilo. Discutimos, até que apareceu o deus Xiva, que evitou nossa briga. Então, Vixnu desceu pela raiz da flor, até chegar à misteriosa cidade encantada de Patala, onde vivem os puros de espírito. E, tomando a forma de um cisne, eu voei para o infinito...

– Nas minhas andanças pelo Egito – falou Pierre Julien –, encontrei, também, o culto do lótus. Os antigos sacerdotes de Tebas diziam que o lótus é o símbolo de *Viraj-Horus* – o deus andrógino, filho de Isis e Osíris. Para eles, as pétalas do lótus simbolizam os sete espíritos guardiães que regem os astros. Com as sementes torradas, os sacerdotes preparavam a comida dos deuses. Com a raiz, que é redonda e do tamanho de uma maçã, fabricavam um bálsamo perfumado, com o qual se ungiam.

– Que interessante! – exclamei.

– Qual é o simbolismo do lótus aqui no Tibete, além daquele que já nos disse? – perguntei a Kazi.

Kazi ficou em silêncio por um momento. Esperamos pacientemente suas palavras:

– Para os tibetanos, a flor de lótus é o emblema da difusão da vida e da fertilidade da terra. Está relacionado com as vibrações do Sol nascente. Quando o astro-rei surge no horizonte, o lótus se abre por sobre as águas. Quando o Sol desaparece, a flor se fecha. Dizem que a raiz do lótus fundida na lama representa a vida material, o ser humano que, com os pés presos na terra, eleva seu pensamento ao infinito.

– Tudo isso é fascinante! – exclamou o velho Pierre Julien. – Creio que, quando voltar à França, escreverei um livro sobre o lótus!

O lago Padma-Pulgo-Cho, com sua bela floração de lótus.

Seus olhos azuis brilhavam e seu rosto enrugado parecia ter uma nova vida. Apesar dos seus 60 anos, Pierre era robusto e forte.

– Então, comece logo a escrevê-lo – disse Vessantara –, antes que Chiang Sing o faça...

Todos rimos e, voltando a montar, prosseguimos viagem.

O caminho estava marcado com bandeiras de preces. Vimos, também, muitos moinhos de orações pendurados nas árvores. Esses moinhos são cilindros de metal que contêm palavras sagradas escritas numa fita de papel. Cada giro da manivela multiplica o valor das preces.

À medida que nos aproximávamos, fomos observando que Yatung era uma bela aglomeração de casas de pedra branca, que pareciam elevar-se em direção a um grande edifício retangular. Cada casa, algumas delas com três andares, tinha paredes um pouco inclinadas. Estas eram perfuradas por janelas esculpidas com figuras de deuses. Para entrar em Yatung, seguimos uma estrada pavimentada de lajotas, à moda dos antigos romanos. Passamos debaixo de um miniarco de triunfo, cuja fachada era enfeitada com desenhos coloridos. Desenhos geométricos representando *Yantras*. Esses *Yantras* são usados para a prática da reintegração do homem consigo mesmo. Eram azuis, vermelhos e dourados.

Nossa primeira visita foi ao prefeito da cidade. Subimos até sua bela residência, levando conosco as indispensáveis echarpes da felicidade. O prefeito, cujo nome era Mingyur, nos recebeu num grande salão coberto por lindos tapetes chineses, e tendo vários almofadões de seda bordada, espalhados pelo chão. Fomos acolhidos cordialmente. Diante dos nossos passaportes e guias de trânsito livre, autenticados pelo governo tibetano, Mingyur, após fazer perguntas triviais, deixou-nos seguir.

E assim fomos para uma pequena hospedaria ao norte de Yatung. Ainda não tínhamos desfeito a bagagem, quando Mahima Vessantara veio chamar-me. Na sala, junto a Kazi,

Vessantara e Pierre, estava um jovem lama.

Usava uma ampla túnica de linho grosso amarelo e, na cabeça, o tradicional chapéu pontudo, forrado de peles. Mais tarde, soube que esse chapéu simboliza o "cordão de prata", cuja entrada no corpo é feita no alto da cabeça, onde está situado o lótus de mil pétalas. Há quem diga que ele entra pelo umbigo.

– Ele veio dar-nos as boas-vindas e trazer-nos presentes de parte de seu mestre, o venerável lama de Latchen – disse Kazi.

E apontou para uma bandeja de prata, que o jovem oferecia, cheia de biscoitos, folhas de chá e manteiga de iaque, cuidadosamente embrulhada em papel de seda.

– O lama de Latchen! – exclamei alegremente.

– Sim... ele nos convida para ficarmos hospedados no seu mosteiro, a alguns quilômetros distante daqui.

Quando voltei a mim da emoção, perguntei:

– E o que estamos esperando?

3

O lama de Latchen – Os sábios alquimistas – Maravilhosas visões de um passado distante – A sombra do Buda – O teatro tibetano – Os ascetas que meditam nus sobre a neve – As bonzas do Templo da Calma Profunda – O Rei do Mundo e os misteriosos reinos subterrâneos.

O lama de Latchen

Eram quatro horas da tarde quando chegamos ao Mosteiro da Sagrada Luz de Buda, onde vive o lama de Latchen com seus discípulos. Situado na encosta de um monte, ele domina as casinhas da aldeia. Sua arquitetura lembra muito o ***Chorten Nyima*** ou Santuário do Sol, que há em Gangtok, mas que não tivemos a oportunidade de visitar.

O andar térreo do mosteiro só tinha duas grandes janelas, mas havia três lindas portas de cedro esculpidas de Budas, acima das quais estava fixado o velho emblema budista: uma cruz suástica pintada em branco, O lama de Latchen recebeu-nos pouco depois da nossa chegada, num grande salão do primeiro andar.

Ao longo da parede em que se abriam as janelas, havia um pequeno palanque alto, coberto de almofadões bordados e tapetes de lã tecida com fios laranja, azul e rosado, formando desenhos de flores e borboletas.

Nesse palanque ou tablado havia mesas estreitas de ébano e marfim. Numa outra parede vimos várias prateleiras com objetos sagrados.

Pinturas em seda, representando deidades lamaístas, enfeitavam todo o ambiente.

Sentado numa *gomti* ou cadeira de meditação, o lama de Latchen nos recebeu cordialmente. Ofereci-lhe uma echarpe de seda branca e em troca recebi outra igual, como manda o protocolo tibetano. Timidamente, murmurei um agradecimento em tibetano:

– *Todechi!*

Era a primeira vez que tentava falar tibetano. Meus esforços pareciam divertir o grande lama.

Sua expressão bondosa pareceu-me muito familiar. Tinha um sorriso manso, de quem encontrou a Paz Profunda. Seu rosto, magro e anguloso, era cor de bronze polido. Seu corpo era fino, nariz grande e boca firme. Os olhos, pequenos e vivos; em volta deles, a pele se contraía em pequenas rugas. Os cabelos grisalhos eram reunidos numa trança que lhe caía pelas costas, à maneira chinesa. Na cabeça, um chapéu de seda amarelo, pontudo como a mitra do papa, tinha pequenas abas debruadas de peles. Olhei bem para ele e recordei as palavras do abade do mosteiro de Kargyompa: "Meu Mestre, o lama de Latchen, vive ainda, apesar dos seus 400 anos de idade..."

Será realmente possível que alguém viva 400 anos? E poderia um velho dessa idade matusalênica ter a aparência de um homem de 60 anos?

Não sei, tudo me parece muito confuso...

Observo o lama, silenciosamente, enquanto Kazi e Vessantara conversam com ele. Sua expressão é modesta e tranqüila e, apesar de não usar os singelos hábitos monásticos, irradia doçura e humildade. Pendia-lhe do peito um longo rosário de brilhantes azuis, mesclado com contas de jade verde-musgo.

– Espero que sejam meus hóspedes por algum tempo – disse o lama em inglês, com um ligeiro sotaque. – Devem considerar como se estivessem em suas casas. As cerimônias e formalidades são próprias apenas do mundo profano. Deixo-os a cargo do meu discípulo Kazi, que já conhece o mosteiro.

E, assim dizendo, o lama afastou-se.

– Como? Também estudou aqui? – perguntamos surpresos.

E Kazi respondeu modestamente:

– Sim, na minha infância. Quando eu tinha oito anos, vim para este mosteiro, aos cuidados de um lama nosso amigo. Com ele aprendi um pouco, mas só fui iniciado quando chegou o venerável lama Trinadzin, que acaba de nos deixar.

– E verdade mesmo que ele tem 400 anos? – indaguei incrédula.

– Talvez, minha jovem senhora! Há séculos que o lama Trinadzin ilumina, com a sua presença, as regiões do Himalaia... Consta que ele é emanação divina do mestre Dwal Khul, que faz parte da Fraternidade Branca do Oriente. Seu corpo tem sempre a mesma aparência de serena maturidade. Quando caminha, não projeta nenhuma sombra, e seus pés, não deixam marcas sobre a terra. Sabe-se que, há milênios, ele assumiu um compromisso relacionado com o progresso evolucionário da humanidade. Aqui ele exerce sua influência em silêncio e de maneira desconhecida para o resto do mundo...

Fico perplexa ante essas assombrosas afirmações. Tenho a mente aberta, sem nenhuma intenção crítica e não ofereço mais nenhuma resistência às palavras de Kazi.

Nosso amigo Kazi levou-nos para conhecer o resto do mosteiro. Andamos por uma ala de celas ou *gompas* silenciosas. Passamos por diversos altares cheios de divindades; andamos por espaços cobertos e descobertos. Tudo aquilo me parecia familiar. Fiquei muito intrigada. Afinal, eu nunca tinha estado ali antes. Por que essa impressão tão estranha?

Chegamos a um pátio cheio de claustros.

– Aqui ficam os aposentos dos hóspedes – disse Kazi. – Escolham os que quiserem.

Assim o fizemos. Fazia muito frio e a cela que escolhi

era úmida e simples. Um noviço trouxe água quente para nosso banho. Tirei as pesadas botas de couro forradas de pele de carneiro e a pesada roupa de montaria. Após me lavar numa bacia, vesti roupa quente e limpa. Mais tarde apareceu Kazi e nos levou a um salão onde a refeição estava servida. Era uma sopa de cereais com creme-de-leite fresco, pão de centeio e chá com bastante manteiga. Nunca nenhuma comida nos pareceu tão deliciosa...

Os lamas não comem nada à noite. Limitam-se apenas a uma refeição por dia. Após o jantar, fomos repousar. Dormimos a noite toda. Na manhã seguinte, bem cedo ainda, já estávamos em pé, tranqüilos e bem dispostos.

Ficamos quatro semanas no Templo da Sagrada Luz de Buda e lá aprendemos muitas coisas. Tal como em Kargyompa, o dia para eles começa muito cedo. A música religiosa que escutávamos pela manhã, à tardinha e ao crepúsculo, era melodiosa e convidava à meditação. Todos os dias o ritual era o mesmo. No grande altar principal eles acendiam velas, sempre em número ímpar. Colocavam taças de cristal com água e riscavam no chão o círculo mágico ou ***kyilkhos***. Consta que é por meio desses círculos que são dadas as ordens para uma série infindável de espíritos e elas são obedecidas sem vacilação. O desenho ou "ponto" serve como identificação da entidade-chefe manifestada. Eram usados pós nas sete cores fluídicas esotéricas das sete legiões angélicas. Em seguida a defumação de todos com o incenso abençoado pelo grande lama. O altar era formado por duas partes. A parte superior, ou oratório, tinha a imagem do Buda Maitreya, flores, rosários coloridos, as taças de água e velas também coloridas. A parte inferior do altar é secreta, ficando sempre fechada por uma cortina de seda amarela. Dizem que contém elementos naturais como favas, sementes, metais, contas e raízes sagradas. Todos os dias eram oferecidos banhos com ervas socadas numa tigela de madeira. Deviam ser tomados do pescoço para baixo com os pés apoiados sobre a terra ou sobre carvão mineral. Eles servem para a limpeza do campo magnético, assim também como o incenso. Indagamos por que eles usavam velas só em número ímpar. E a resposta foi:

– Porque os números ímpares são positivos, ***Yang***, solares e masculinos. Os números pares são negativos, ***Yin***, lunares e femininos. As velas e as taças com água representam os dois elementos: água e fogo, considerados elementos essenciais da natureza.[1]

Durante o ritual, os lamas cantavam hinos mágicos chamados mantras ou palavras de poder. São sons místicos que põem em movimento certos planos da natureza, produzindo assim maior afinidade vibratória entre os planos da matéria e do espírito.

Além desses ritos diários, tivemos oportunidade de assistir certas experiências alquimistas muito interessantes.

O inverno chegara. E, tal como estava previsto, toda a paisagem se cobriu de neve, bloqueando os vales que conduziam à montanha. O lama de Latchen encerrou-se em retiro. Aproveitamos para aprender alguma coisa com seus discípulos.

Os sábios alquimistas

Certa manhã, bem cedo ainda, Kazi veio bater à porta da minha cela:

– Venha conhecer nosso laboratório alquímico! Já falei com nossos companheiros de jornada e eles estão à sua espera.

Vesti-me apressadamente, fiz uma ligeira toalete e saí ao encontro do grupo. Guiados por Kazi, descemos corredores estreitos e fomos dar numa sala subterrânea, diante

---

1 Nota do Editor: – Todos os elementos mágicos aqui referidos guardam estreita identidade com aqueles utilizados nos rituais da umbanda. Vide, a propósito, a obra ***Umbanda, Essa Desconhecida***, de Roger Faraudy, **EDITORA DO CONHECIMENTO**.

Chiang Sing no templo de Latchen, vestindo roupas de uma princesa chinesa.

de uma grande porta de ferro, que, a um sinal de Kazi, Pierre abriu. Uma onda de luz escapou pela porta. Era uma sala ampla, sem janelas, mas recebia luz de uma cúpula de cristal translúcido, sobre a qual, muito acima das nossas cabeças, vimos um duplo triângulo entrelaçado. Em volta dos triângulos, de grandes dimensões, vimos uma serpente de ouro mordendo a própria cauda. Embaixo do emblema havia uma mesa de mármore redonda, em cujo centro, desenhada sobre metal dourado, havia uma cruz suástica – o grande símbolo budista.

De súbito, ouvimos rolar alguma coisa como que uma pesada porta de ferro. Fomos envolvidos por uma luz deslumbrante. Notei que a parede frontal se abrira, e que estávamos no limiar de um outro aposento, em cujo extremo via-se um pequeno altar feito de seixos rosados e, sobre ele, um grande triângulo de ouro, tendo no centro um enorme brilhante, como se fosse um grande olho fosforescente.

Desse olho jorrava uma intensa luz, que atravessava as grossas paredes como se elas fossem transparentes como gaze Os raios dirigidos para cima batiam num bloco de metal dourado, suspenso por grossas correntes, também douradas.

A um canto vimos uma enorme mesa de mármore, sobre a qual estavam um par de alambiques, alguns frascos de vidro colorido e dois livros.

Olhei em volta, esperando encontrar algum forno, estufa, retorta ou outros utensílios mencionados nos livros de alquimia. Como que adivinhando meus pensamentos, Kazi falou:

– Meus honoráveis amigos, aqui no Tibete, como em outras partes do mundo, a verdadeira alquimia é espiritual e não exige nenhum trabalho mecânico. Só o poder da nossa mente transforma o homem comum em ser divino.

– Mas, como é possível essa transformação? – indagou Pierre Julien.

– Os lamas chamam "metais" aos princípios invisíveis que constituem o ser humano, pois são mais eternos do que a carne e o sangue. Os metais formados por nossos pensamentos e desejos continuam existindo, mesmo depois da morte. Os princípios animais do homem representam os metais de qualidade inferior, que devem ser transformados em metais mais puros, trocando os vícios sem valor pelo ouro da espiritualidade.

– E como se alcança isso? – indaguei.

– É preciso que os mais grosseiros elementos da forma morram naturalmente. Na alquimia material, os processos são diferentes.

Ouvimos passos atrás de nós. Era um lama bem idoso, que acabava de entrar. Seu nobre rosto moreno era fino e de expressão espiritual. A cabeça rapada e olhos tranqüilos. Usava a túnica de algodão amarelo que os tibetanos chamam de *zen*.

– Seja bem-vindo, irmão Kuchog! – disse Kazi.

E o lama respondeu:

– Ouvi tuas últimas palavras, meu filho. Orgulho-me de ter sido um dos teus instrutores.

Kazi sorriu e falou:

– Foi graças ao lama Kuchog que ingressei neste mosteiro, quando tinha oito anos de idade.

– Foi graças ao teu merecimento e não a mim – retrucou Kuchog.

– Já que teve a bondade de nos honrar com sua presença – continuou Kazi – poderia comprovar a verdade das nossas teorias para esses irmãos?

– Vou tentar – foi a resposta do lama.

Kuchog pegou um crisol que estava sobre a mesa e, após verificar que estava vazio, colocou-o sobre um trípode, em cima da chama que ardia diante do pequeno altar.

– Poderiam ceder-me uma moeda de prata ou de cobre? – pediu.

Vessantara tirou do bolso uma pequena medalha de cobre, que usava sempre como talismã astrológico, pois era do signo de Libra, e indagou:

– Isto serve?

– Sim.

E, pegando a medalha, Kuchog colocou-a dentro do crisol. A medalha derreteu-se. Kazi entregou-lhe um vidrinho com um pó verde-claro. Kuchog, com uma colherzinha de marfim, colocou alguns grãozinhos do pó dentro do crisol. Era uma quantidade ínfima que mal se notava. Queimou-se imediatamente. Logo, o metal fundido entrou em ebulição. O líquido ficou irisado de cores lindas. Dez minutos depois a ebulição cessou. A massa espumosa precipitou-se no fundo do crisol. Kuchog esperou até que a massa ficasse imóvel. Então, retirou-a do fogo e verteu o líquido lentamente sobre a mesa de mármore. E, oh, maravilha, a massa se solidificou e transformou-se em ouro puro!

Incrédulo, Pierre indagou:

– Será realmente ouro?

Kuchog sorriu e respondeu em inglês:

– Pode mandar analisar. Assim ficará certo de que não foi vítima de uma ilusão.[2]

Fiquei atônita. Quanto não dariam os homens para conhecer o segredo daquela alquimia?

Observando nosso assombro, Kuchog falou:

– Toda substância metálica possui o germe do ouro em sua própria matéria primordial. Mas, para transformar um outro metal em ouro, é preciso termos a semente do ouro, que é aquele pozinho verde. Por causa da sua ambição por riquezas, os alquimistas ocidentais ainda não conseguiram a transmutação de qualquer metal em ouro. Aqui, no mosteiro, só almejamos o progresso da ciência.

Ouvimos o som de um gongo chamando para as orações matinais. Kuchog despediu-se e saiu. Ficamos ainda um pouco mais no laboratório, ouvindo Kazi falar sobre os segredos da alquimia dos lamas.

Finalmente, deixamos o laboratório e ingressamos na rotina do mosteiro.

2 Tivemos mais tarde uma prova real da alquimia dos lamas. Tempos depois, ao chegarmos de volta à cidade indiana de Laddak – fronteira da Índia com o Tibete –, Vessantara mostrou a ex-medalha de cobre a um joalheiro. Ele testou o material com ácidos apropriados. Viu que era ouro mesmo. De volta à Europa. Vessantara mandou examinar a ex-medalha por diversos joalheiros. A conclusão foi que aquele metal era realmente ouro.

Maravilhosas visões de um passado distante

Dias depois, o lama de Latchen mandou me chamar. Entrei numa ala ajardinada, na parte norte do mosteiro, e cheguei diante de uma porta dourada que se abriu assim que me aproximei. Penetrei numa sala toda branca, ornada com as famosas pinturas sobre seda representando os Budas da meditação, que são: Vairocana, Akshobia, Amitaba, Ratna Sambhava e Amoga Sidi. Cada um deles ocupa um ponto cardeal e possui uma cor característica. Um noviço apontou para outra sala e mandou que eu entrasse. As paredes eram forradas de brocado azul-claro, ornadas também com pinturas de mandalas ou círculos coloridos nos quais a divindade principal é colocada no centro, e *Yantras*, formas geométricas usadas na magia.

Num canto da sala, havia um Buda gigantesco, magro e esguio como todos os Budas da Índia e do Tibete. Talhado em madeira clara, sua expressão era de absoluta calma. No centro da sala havia um divã forrado de seda branca. Mesinhas de laca, finamente pintadas, continham rolos de seda e pergaminhos sagrados.

Sentada num tamborete coberto de pele de raposa branca, vi uma mulher de idade indefinível. A seu lado, em pé, estava Trinadzin, o lama de Latchen. Ambos usavam a túnica de seda amarela. Perto deles já estavam sentados Pierre Julien, Vessantara, Kazi e Mahima.

Fiquei contente em vê-los ali.

Com um sorriso manso, o lama falou:

– Vem, pequenina irmã, e saúda a nossa Antiga Mãe!

Compreendi que se tratava da abadessa do mosteiro e inclinei-me numa reverência. Para meu espanto, ouvi-a dizer em inglês:

– Há vários ciclos que estávamos à tua espera, pequenina irmã! Os pés do deus do destino foram lentos em conduzir-te ... Mas chegou o tempo, não é mesmo?

Atônita, eu não sabia o que responder. Olhei para meus companheiros. Todos também pareciam perplexos. Olhando-me bem nos olhos, Trinadzin disse:

– As palavras de nossa abadessa parecem estranhas, não é mesmo, ó flor esperada?

– Confesso que sim, Pai da Alma Diamante.

– E, no entanto, em outros tempos teu cérebro não era tão obtuso, velado pelos véus de Maya... Mas breve a luz se fará e terás novamente os sete preciosos dons.

Fiquei meio tonta. Notei que uma corrente incessante de pensamentos me chegava ao cérebro. Trinadzin pegou minha mão direita e murmurou uma oração mágica. Então, comecei a ver misteriosos reflexos azuis e alaranjados. Uma névoa deslizou pelo teto. Pensei que estivesse doente. Senti que me afastava de mim mesma e a voz de Trinadzin soou, longínqua:

– Em nome de todos os Budas eu te confiro o poder

de lembrar existências passadas, através da imensidão do tempo...

Regressa ao passado! Fixa a tua mente e lê o teu passado!

Seguiu-se um silêncio. Continuei tonta, inerte como se estivesse anestesiada. Algo penetrante como o brilho de uma lâmina passou ante meus olhos. Senti uma sensação vertiginosa. Fiz um esforço para mover-me, falar... Mas em vão... Visões se desenrolaram ante meus olhos assombrados. Não sabia se estava acordada ou sonhando. Vi-me como uma princesa chinesa, vestida de sedas macias e jóias raras. Senti como se fosse a vestal de um templo perdido nas montanhas. E toda uma encarnação de quatro mil anos atrás foi recordada.

Uma voz que me pareceu ser a de Trinadzin, falou:

– Não permitas que a saudade perturbe tua mente! Prossegue recordando! Volta ao passado!

Uma pesada névoa baixou sobre meus olhos. Depois tive uma visão das pirâmides...Vi o templo do deus Amon... E logo, como se eu fosse um sacerdote desse templo... outra grande névoa cobriu os meus olhos e quando pude ver distingüi as terras onde nasce o rio Nilo... Abasce ou Etiópia... Diante de um altar de mármore branco, uma mulher envolta em véus cor de violeta estava de costas para mim. Devagar, ela foi voltando o rosto e vi que era eu mesma!

– Continua regredindo ao passado! – ordenou uma voz.

Outra grande névoa ante meus olhos. Depois, vi o templo da deusa Kali – a Mãe dos Mundos – às margens do rio Ganges. Um grupo de bailarinas sagradas dançava diante da estátua da deusa .. . . E uma delas era eu!

– Mais longe ainda! – falou a voz.

A visão desapareceu. Outra pesada névoa passou ante meus olhos. Vi uma terra muito estranha com pessoas de pele cor de cobre avermelhada... Numa colina, um menino apascentava cabras. E, de repente, o menino era eu!

– Estás na velha Atlântida – disse uma voz. – Agora volta!

Senti-me num redemoinho de luz. De repente, abri os olhos e estava junto da abadessa e do lama Trinadzin.

– Que maravilha! – exclamei, perplexa com aquelas experiências psíquicas.

– Tiveste oportunidade de ver algumas de tuas vidas passadas – falou Trinadzin.

Ainda sob o impacto da emoção, indaguei:

– Mas por que só vi épocas tão remotas?

– Porque não reencarnaste após seres vestal e princesa chinesa e isto foi há 4 mil anos. Traíste teus votos de castidade e foste amaldiçoada. Agora vais ver como nós te libertamos dessa terrível maldição.

Outra vez a sensação de tonteira. Logo uma nuvem cinzenta cobrindo os meus olhos. De repente, vi-me numa grande sala subterrânea, iluminada por tochas. Junto de mim estavam Trinadzin e vários lamas. Seus rostos eram graves e solenes, seus crânios raspados e suas túnicas cinzentas.

No centro da sala, em cima de uma eça, estava um caixão de cristal. Dentro, um vulto impreciso. Ouvi o som de um gongo. Logo os lamas rodearam o caixão. Trinadzin aspergiu o corpo imóvel com perfumes. O gongo soava sempre. Seria eu a morta? Queria sabê-lo, mas, ao mesmo tempo, temia a verdade. Uma força superior fez com que eu me aproximasse do caixão. E, com assombro, vi que, amarrada e amordaçada, ali estava eu mesma!

Senti um terror indescritível. Quis desviar os olhos, mas não pude. Trinadzin introduziu o dedo mínimo num pequeno orifício que aos poucos se abria no alto da cabeça da morta. De repente, ele gritou:

- Hick!

Quando retirou o dedo, vi um vapor cinzento se condensando, até formar um corpo transparente de mulher. Estava ligado ao cadáver por um cordão de névoa prateada, que se alargava indefinidamente. O pior é que eu me sentia dentro do cadáver e fora dele! E... O cordão se rompeu. O mais curioso é que o cadáver foi encolhendo rapidamente, até que desapareceu. Fechei os olhos com medo. Senti que alguém apertava a minha mão direita com energia. Logo falou:

– Confia em mim! Fixa tua mente e vai a qualquer lugar da Terra que desejes!

Senti-me leve, flutuando no ar e um anjo parecia guiar-me docemente, de um lugar a outro. Voei por terras desconhecidas que sempre desejei conhecer... Grécia... Egito... Turquia... Meu corpo não tinha peso e estava ligado a meu corpo físico por um fio violáceo, de substância vaporosa. Tudo o que me rodeava era feito de matéria fluídica. Mas!... de repente, tudo ficou escuro. Ao voltar a mim, ouvi Trinadzin dizer:

– Volta, pequenina irmã!

Deslizei por uma nuvem irisada como madrepérola. Repentinamente, fui atraída para baixo, por uma sucção, como se fosse um redemoinho. Quando voltei a mim, estava sentada numa *gomti*, cadeira de meditação. A meu lado estavam Trinadzin, a abadessa e meus companheiros de viagem.

Não tinha então lembrança completa das experiências que acabei de descrever, as quais foram recordadas depois. Tinha uma lembrança vaga de tudo. Abri e fechei os olhos várias vezes. Olhei em volta. Tive uma grande surpresa: meus companheiros de viagem estavam imóveis, dormindo tranqüilamente, como se estivessem hipnotizados.

– Não estavam preparados para ver aquilo que viste – disse Trinadzin mansamente. – Mas... Eu precisava da presença deles aqui, por causa de suas correntes vibratórias.

E, assim dizendo, Trinadzin fez um gesto de bênção e saiu acompanhado pela abadessa. Logo depois, meus companheiros voltaram a si.

– Que aconteceu? – perguntou Pierre.

– Acho que todos dormimos profundamente – respondi.

Nisso entrou um noviço, trazendo uma bandeja com broas de cevada e chá com manteiga.

Tomamos chá, conversando animadamente sobre tudo que nos acontecera, mas não lhes falei sobre a minha experiência como defunta no caixão de cristal.

– O que você teve foi uma experiência de regressão parapsicológica! – falou Pierre.

– Sem dúvida! – concordei. – Mas... Eu gostaria de saber o que se passa realmente depois da morte...

Então, Kazi falou:

– A morte não existe, porque a vida continua em outros planos superiores. Nosso ***Livro dos Mortos Tibetano (Bardo Thodol)*** faz uma sondagem na alma humana depois da morte. Esse livro é recitado pelos monges no quarto de um moribundo, como uma preparação para a grande viagem. Descreve o que ele irá ver à medida que for perdendo sua consciência de vigília. Em certo trecho está dito:

> Temos um corpo etérico chamado duplo, que se desloca, afastando-se completamente do corpo físico denso. Há o rompimento do cordão de prata que une os corpos, e a massa etérica com seu átomo primordial localiza-se no ventrículo esquerdo do coração, sobe depois pela nuca, saindo pela sutura do crânio, essa parte onde se encontra o osso occipital e os dois parietais. Nesse local as crianças têm a ***moleira*** e todos nós temos o centro de força energética sutil chamado ***lótus de mil pétalas.***

O duplo etérico tende então a se dissolver no seio do Universo. De um modo geral ele dura de 24 a 48 horas, não mais, a não ser em casos muito especiais. A consciência física sofre uma parada, mas logo sobrevêm aquilo que conhecemos como o grande sonho, que é o primeiro descanso do espírito. Então, quando se rompe o cordão prateado, esse sono vem e dura cerca de um ou dois anos. Muitas vezes, devido ao desespero dos parentes nos velórios, esse sono é interrompido com alguns pesadelos e lembranças de sua última vida na Terra.

Por essa razão, não devemos perturbar o espírito que dorme com nossas lágrimas e nossa tristeza.

Antes que o fio prateado seja rompido, passam pela consciência do moribundo, de trás para a frente, cenas de sua vida passada na presente encarnação. Por isso o ***Bardo Thodol*** diz:

> Ó filho de uma nobre família, filho de outros seres, escuta! Agora vai aparecer diante de ti a luz do Puro Absoluto. Tens que reconhecê-la, ó filho de uma nobre família. Neste momento, o teu intelecto é claro e límpido.

– Nessa fase – continuou Kazi –, não deve haver nenhum chamado, como se faz em sessões espíritas no Ocidente e também aqui no Tibete. Os recém-desencarnados devem ficar em paz. É preciso que eles descansem. Não devem ser perturbados, pois isso atrasa sua viagem evolutiva através dos planos que terá de galgar. Ao final do segundo ano da morte física, o ser vai despertando lentamente, até acordar no subplano correspondente a sua evolução espiritual. Quando desperta, imediatamente vem o "elemental do desejo" fazer o seu trabalho de amor. A meta desse elemental é se tornar mineral. Então ele, como num processo de casulo, envolve em um manto de luz o ser que desperta. Assim, ele poderá fazer a redistribuição do desejo por todo o seu corpo. Despertando o ser, ele se sente num estado de paz, e poderá encontrar seus parentes ou amigos, encarnados ou desencarnados. Ele pode intuir, pode irradiar sua vontade, pode vibrar, mas jamais incorporar. A incorporação só pode ser feita pelos guias espirituais destinados ao trabalho de instrução na Terra. Também alguns seres encantados da natureza podem incorporar num médium (os seres encantados são intermediários entre o homem e outros planos sutis).

Entre eles temos os ***Tisas***, que deslocam quase que totalmente o duplo etérico do médium ou *powo* e a incorpo-

ração se faz totalmente inconsciente. Quanto mais evoluído é o guia espiritual, mais consciente é o médium. Passado o encontro com seus entes queridos, o ser desencarnado vai à presença dos Senhores do Carma e escolhe sua próxima encarnação, de acordo com seus méritos. Então, esquece suas vidas passadas e entra na Roda das Encarnações. Um dia, liberta-se completamente das reencarnações e se une a Deus. Quando chega ao grau de guru ou adepto, e já queimou o seu carma, o ser desencarna em estado de consciência e alcança logo o plano superior. Vai ao plano mental abstrato num estado de superconsciência. Aí permanece algum tempo. Depois passa a outros planos espirituais, onde se torna um mestre ascensionado.

– É maravilhoso, tudo isso! – exclamei emocionada. – Obrigada por nos dar esses conhecimentos.

Tomamos o chá e depois saímos para o ar puro do jardim. Andando por entre as alamedas floridas, recordei um trecho dos ***Upanishads***: "Do irreal conduz-me ao Real, das trevas à Luz!"

É o guru ou mestre que vai nos dar ajuda para trazermos gradualmente à luz o que estava oculto para nossa consciência. Ele é como o Sol que nos revela ao vencer as sombras, a verdadeira aparência das coisas...

E, mais uma vez, no íntimo do meu ser, agradeci e abençoei Kazi e Trinadzin, o lama de Latchen.

❄ ❄ ❄

Dois dias depois, deixamos Latchen e continuamos viagem. Em nossa jornada, que durou vários dias, passamos pelas cidades de Phari Dzong, Tuna, Dochem e Kala, aos pés dos montes Chomolari ou Montanha da Senhora Deusa. Dessas cidades, a mais interessante foi Phari Dzong, que fica numa altitude de 4.450 metros, e quiçá seja uma das cidades mais altas do mundo. Embora bastante suja, as ruas são amplas e algumas casas são bonitas. O povo tem um cheiro muito desagradável, mistura de manteiga rançosa com alho. Os tibetanos geralmente não tomam banho, nem mudam roupa com freqüência. A maioria lava-se uma vez por ano, no verão, mergulhando nos rios e esfregando o corpo com uma pedra pequena enrolada em folhas de fibra resistente.

Se não fosse o fato de a extrema altitude destruir a maioria dos micróbios, tais hábitos anti-higiênicos teriam destruído quase toda a população do Tibete. Deixando Phari Dzong, Tuna e Dochen, cavalgamos até às margens do rio Rham. Um bando de gazelas fugiu ao perceber nossa aproximação. Fomos seguindo. Passamos pelo desolado vale de Kala, completamente desabitado. Pouco depois alcançamos um povoado, onde pernoitamos na casa de um pastor de iaques. No dia seguinte, prosseguimos viagem e fomos indo, até chegarmos ao lindo vale de Nyang Chu. Nossos cavalos tiveram dificuldade em andar, devido ao excesso de lama na estrada que margeava o rio Nyang ou rio da Alegria. Mais além, vimos pequenos campos com plantação de trigo e legumes, cercados por um grupo de casinhas de pedra. Vimos alguns camponeses trabalhando nos campos. Conduziam arados puxados por iaques.

À medida que avançávamos pelo vale, este perdia seu aspecto bonito e próspero: casas, campos e vegetação foram desaparecendo. Surgiu então um vale escarpado, cheio de rochas e precipícios e, em seguida, uma garganta chamada ***Garganta do Ídolo Vermelho***. Chama-se assim porque tem muitos monumentos religiosos de origem indiana, cujo nome é ***stupa***. Esses monumentos são encimados por belas imagens de divindades budistas, pintadas em azul-forte, verde, vermelho e amarelo.

Tivemos de desmontar e seguir passo a passo, conduzindo nossos cavalos, até que a garganta se alargou e pudemos montar novamente. Saímos num vale cheio de vegetação luxuriante. Meia hora depois encontramos dois soldados indianos. Pararam na nossa frente e pediram nossas autorizações de trânsito, em nome do governo inglês, pois nessa época o Tibete estava ainda sob o protetorado britânico. Examinaram os documentos e depois mandaram que prosseguíssemos. Cavalgamos rumo à cidade de Samada e passamos pelo ***British Indian Trade Agency***, um forte tibetano, sob o comando do major inglês Pearson.

Procuramos um mosteiro para nos hospedar, como era nosso hábito, mas não encontramos. Chegamos a uma grande casa branca e batemos. Veio nos atender um velho pastor, que morava ali com a mulher e a filha. Beijando a fímbria do manto amarelo do lama Kazi, o pastor convidou-nos a repousar um pouco em sua casa. Ofereceu-nos chá com manteiga. A casa era simples e acolhedora. Constava de uma sala, cozinha, e quatro quartos grandes. Banheiro não havia. Os tibetanos usam um buraco no chão como vaso sanitário e tomam banho em bacias, quando tomam!

Repousamos uma noite e seguimos viagem. Pouco além da cidade de Samada, havia uma gruta famosa por seus prodigiosos milagres. Fomos andando em direção à gruta. O caminho descia bruscamente no meio de uma floresta. Fazia muito frio e nossa marcha era difícil.

– Por que essa gruta é sagrada? – indaguei curiosa.

E Kazi respondeu:

– Dizem que há muitos séculos uma Presença Divina a santificou e, desde então, a sombra do santo Avalokita Ishvara habita nessa gruta. Contam que foi aqui que Sidarta Gautama, o Buda, converteu o rei dos demônios. Prometeu então, ao novo discípulo, que deixaria ali a sua sombra, para lhe recordar sempre o seu juramento de seguir o bom caminho.

– E há realmente essa sombra?

– Ela aparece apenas às pessoas que têm fé e um coração puro!

Os caminhos que levavam à gruta antigamente eram infestados de bandidos. Mas hoje é um lugar de peregrinação constante e há até alguns noviços de mosteiros das cercanias, que servem de guias aos viajantes.

Descemos um declive montanhoso, cujo terreno acidentado, apertado entre serras e encostas, oferecia um caminho estreito, com subidas e descidas. Picos nevados se inclinavam sobre os lados do caminho. Afinal, chegamos a um lugar onde o caminho parecia terminar. À direita, erguia-se um grande rochedo, com uma das paredes toda esculpida em figuras de deuses e deusas.

– A gruta!

Foi nossa exclamação alegre e comovida. À nossa mente acudiram muitas evocações fabulosas. Ali, diante de nós, finalmente estava a Gruta da Sombra do Buda. Desmontamos, entregamos os cavalos aos criados e avançamos apressados para a vasta cavidade redonda, que dá acesso à gruta.

– Não entrem! – gritou Kazi.

Paramos surpresos. Meu coração pulsava estranhamente.

– Mas... Por quê? – indagou Vessantara.

– Essa gruta é guardada pelos gnomos, os seres elementais da Terra, e antes de entrar temos de cumprir o ritual. Parem e observem em silêncio.

E, assim dizendo, Kazi retirou do bolso interno da túnica amarela um estranho pó vermelho. Com ele traçou um círculo mágico ou ***kyilkhos***. Entrou no meio do círculo e fez a seguinte invocação:

– Ó Gob, rei invisível dos gnomos, que habitas o ventre da Terra! Tu, que fazes correr sete metais nas veias das pedras, Monarca das Sete Luzes, permite que entremos no teu reino e que os mistérios nos sejam revelados!

Pareceu-nos que alguma força sobrenatural estava ali, perto de nós.

– Agora já podemos entrar – disse Kazi.

A sombra do Buda

Penetramos numa galeria subterrânea, estreita e sombria. Mais adiante, vimos uma tosca escada de pedra que ia dar num amplo túnel.

O chão estava gasto, liso, como se fosse o caminho trilhado por muita gente, há muitos séculos. Fomos andando por dentro da gruta, dominados por um sentimento de respeito e maravilha. Por todos os lados reinava o silêncio. Os ruídos de nossos passos ecoavam e pareciam vir de muito longe. De repente, o caminho se alargou. Fomos dar num recinto enorme, que mal podíamos iluminar com nossas lanternas de bolso. O solo era coberto por uma areia fina e branca. Numa das paredes, vimos um nicho cavado na rocha. Em volta dele, muitas inscrições esculpidas na pedra.

Do outro lado havia uma espécie de coluna de pedra, apoiada sobre uma elevação rochosa. Sobre essa coluna, vimos algumas estátuas de bronze representando divindades lamaístas. Em volta delas, flores, ânforas com perfumes e velas.

– São oferendas dos fiéis. É exatamente ali, atrás daquela coluna de pedra, que costuma aparecer a sombra do Buda.

Kazi ajoelhou-se, ergueu as mãos juntas até a testa e começou a orar.

Sentamo-nos atrás dele, sobre a areia fina, com as pernas cruzadas na postura do lótus. Orei também, desejando sinceramente ser abençoada pela emanação divina que aparecia ali. Não sei quanto tempo fiquei de olhos fechados, rezando. Uma leve brisa, vinda de não sei onde, agitou nossos cabelos. Abri os olhos. Meu coração bateu apressadamente. Pareceu-me ver uma luz se formando junto à coluna de pedra.

– Ah! – exclamei atônita.

– Continuem concentrados! – disse Kazi.

Assim o fizemos. De repente, vi formar-se na parede de fundo da gruta uma bola de luz fosforescente. Era azul e dourada. Dessa bola de luz saíram sete raios dourados que logo desapareceram junto com a bola. Então... Deu-se o milagre! Toda a caverna ficou iluminada por uma luz tão forte e tão bela que me é impossível descrevê-la. Pouco a pouco, a luz se condensou numa forma humana. Era a visão fluídica de Sidarta Gautama, o Buda, sentado sobre uma flor de lótus. Sua face jovem era tranqüila e radiante e seu corpo magro, esguio como um junco num lugar sem vento...

Esfreguei os olhos assustada e tornei a olhar. A visão parecia sorrir docemente para nós. Todos olhávamos a visão boquiabertos. Ela durou apenas um momento e logo desapareceu.

Seria, acaso, uma alucinação? Um estado hipnótico que me fazia ver coisas que não havia?

Não sei... Estava perturbada demais para raciocinar.

Por algum tempo, ficamos em silêncio, reverentes e alegres por termos visto a maravilhosa sombra de Buda. E uma grande Paz inundou nosso ser.

Ainda hoje essa visão milagrosa, que tanta gente já viu, me emociona e entorpece como um filtro encantado.

O Teatro Tibetano

Quando regressamos a Samada, havia um ar de festa na cidade. Soubemos que naquela tarde haveria uma representação teatral no *hall* do pequeno Templo da Garganta do Ídolo Vermelho. Ficamos contentes em conhecer o teatro tibetano, que é profundamente religioso e lendário.

Após um breve repouso na casa do pastor, rumamos em direção ao templo.

Encontramos muita gente pela estrada, vestindo túnicas alegres e coloridas. As mulheres enfeitavam os coques ou as trancas com o tradicional ***Patruk***, broche de madeira, coral, veludo e outras pedras semipreciosas. A tarde estava fria e clara.

Chegamos em frente ao templo e vimos várias tendas armadas sobre a relva. Mulheres, homens e crianças iam e vinham, cantando alegremente. Escolhemos um lugar onde não havia muita gente. Sentamos na relva, comemos nosso farnel e ficamos aguardando o espetáculo, que é sempre realizado ao ar livre.

– Como é a peça de hoje? – perguntamos.

E Kazi respondeu:

– É uma história de amor sobre uma princesa chinesa e um rei do Tibete. O prólogo começa com um poema, que diz:

> A primeira lua cheia do ano viu
> chegar ao Tibete a formosa
> Princesa Wen Chang – a de olhos de
> damasco e cintura de salgueiro.
>
> Não tenhais medo, Princesa, dos
> nossos prados desertos, pois cem
> bravos guerreiros formarão vosso séqüito!
>
> Não tenhais medo dos nossos
> rios profundos, pois cem grandes
> barcos sulcarão suas águas tranqüilas,
> trazendo vossos pertences!

Chegareis a um formoso lugar cujo
nome é Beiguisiong e sereis amada
pelo nosso rei, que é belo
como um deus.

Então, a Princesa Wen Chang sorriu
feliz e continuou viagem tranqüilamente,
levando um tesouro de sementes de três
mil e oitocentas plantas, impossíveis
de enumerar e descrever...

– Esse poema, em tibetano, chama-se ***Emalanching***. E um dos incontáveis relatos sobre a doce princesa Wen Chang, que nosso povo canta com amor. O que veremos é a história de amor dessa princesa chinesa e nosso rei Srong-tsan Gampo, seu sábio ministro Gar e de como ele conseguiu trazer a princesa para o Tibete. Os técnicos e artesãos chineses que vieram com a princesa ensinaram o povo tibetano a cultivar a terra, fiar, tecer, construir casas, fabricar papel e tinta, destilar o vinho, fazer cerâmica e outras coisas importantes. Em homenagem à princesa, que era budista, o rei mandou construir o Mosteiro Yojan, situado no centro da cidade de Lhassa. Durante a construção, uma cabra sagrada chegou espontaneamente para ajudar a encher o grande lago artificial, que se cobriu de água clara e fresca a um só de seus balidos. A imagem da cabeça dessa cabra encantada ainda se pode ver hoje, alçando-se sobre o muro do velho mosteiro. Depois de pronto, o mosteiro ficou sendo lugar de peregrinação. Muita gente vinha de longe ver as divindades budistas pintadas sobre os rolos de seda, e venerar um lindo salgueiro que a rainha plantara no jardim com as próprias mãos. Uma lenda diz que o salgueiro nasceu de uma mecha sedosa dos cabelos da rainha Wen Chang... E, assim, essa formosa princesa chinesa tornou-se rainha do Tibete, e viveu feliz com seu rei um perfeito romance de amor.

Assim que Kazi acabou de contar o enredo da peça, chegaram os atores. Estavam vestidos ricamente com roupas chinesas. E começou a representação. O povo parecia extasiado, com os olhos perdidos numa lenda encantada.

Houve muitas danças graciosas e diálogos intermináveis que só acabaram lá pela meia-noite. E tudo terminou numa apoteose, louvando o amor de Wen Chang e Srong-tsan Gampo. Todo mundo se levantou e começou a ir embora. Saímos também, levando nos olhos a lembrança daquele teatro tão primitivo e poético.

No dia seguinte, partimos de Samada. De novo a lenta caravana pelas estradas poeirentas, as longas caminhadas pelas montanhas, por caminhos escarpados e sinuosos. Seguíamos rumo à cidade de Khangma. Passamos pelas margens do rio Bhongh-cha, com suas águas escuras e serenas. Continuamos viagem pelo vale de Gya-chu e subimos em direção a Lonak. O caminho estava coberto de neve e tiritávamos dentro de nossas pesadas roupas de montaria, forradas de pele de carneiro. O vento glacial e o ar rarefeito atrasavam consideravelmente nossa viagem. Afinal, ao longe, meio encoberto pela bruma da tarde, vimos um mosteiro cravado no flanco da montanha.

– Ah! Ali moram os *Lung-gom-pas!* – disse Kazi.

– Como?

– São os famosos monges que levitam; os dragões alados do Tibete – explicou ele.[3]

---

3 Esses lamas praticam uma espécie de esporte psíquico, que confere ao indivíduo um grande poder sobre o ambiente. No livro ***The Tibetan Book of the Great Liberation,*** de W. V. Evans Wentz, editado pela Universidade da Oxford, há a seguinte referência:

O falecido Sardar Bahadur Laden La contou que, certa ocasião, vira um yogui tibetano movimentando-se de modo estranho. O caso ocorreu no Tibete, em 1931. Eu enviara o yogui com uma mensagem ao grande-lama chamado Phapong-kha, que vivia em Lhassa, e vi quando ele percorreu uma distância de 20 quilômetros em cerca de 20 minutos. Um mestre dessa arte de andar ligeiro, que no Tibete se chama *Lung-gom-pa,* foi encontrado por madame Alexandra David Neel nos remotos confins do Tibete Oriental. Aparentemente, era um homem que se encontrava mergulhado num transe meditativo, cujos olhos arregalados pareciam fixar-se em alguma coisa muito distante. Ele não corria, dando antes a impressão de que se elevava do solo e caminhava aos saltos. Era dotado de uma elasticidade de bola de borracha, e saltava tão logo seus pés tocavam no chão. Seus passos

– Ora, não creio nessas bogagens! – resmungou Pierre Julien, visivelmente aborrecido.

– Contudo, amigo, elas existem! – retrucou o dr. Vessantara, convicto.

O velho arqueólogo francês olhou-o ironicamente e ficou em silêncio.

– É muito estranho! – comentei.

– Sim... bastante estranho – concordou Pierre, com um certo sarcasmo.

O Sol ia se pondo devagar. Chegamos perto de um lago completamente coberto de gelo.

– Olhem! – exclamou Mahima.

O que vimos nos deixou muito intrigados.

Os ascetas que meditam nus sobre a neve

Sentados, com as pernas cruzadas na postura do lótus, às margens do lago gelado, um grupo de ascetas meditava. Estavam inteiramente nus, sob uma temperatura baixíssima, fustigados por um forte vento. Perto deles, dois ou três lamas, de túnica amarela, quebravam gelo para mergulhar lençóis na água e envolverem os ascetas nus com eles.

– É a prova do ***tumo***, o calor interno!

Os lamas fazem isso umas dez vezes, e os ascetas secam os lençóis rapidamente, com o calor de seu corpo – explicou nosso guia.

– Mas... como fazem isso? – indagamos admirados.

– Com o poder da imaginação e da vontade.

---

tinham a regularidade de um pêndulo. Vestia o usual manto monástico amarelo, já um tanto gasto. Sua mão esquerda apertava firmemente o pano do manto e estava parcialmente coberta pela fazenda. A mão direita sustentava um punhal mágico chamado ***phurbu*** e movia-se ligeiramente, a cada passo, como se o punhal, com a ponta voltada para o solo, nele tivesse tocado e se firmado instantaneamente. Observado a distância, era como se o monge tivesse asas.

Isso não nos convenceu. Aproximamo-nos, para ver melhor. Pretendíamos tirar uma foto, mas o lama Kazi disse que não era permitido. Tratava se de uma iniciação e os lamas não gostam de ser fotografados nessas ocasiões.

Os ascetas, sete ao todo, eram magros, secos como um pergaminho e nodosos como raízes. Estavam imóveis como ídolos, olhando para o seu próprio umbigo.

Soubemos, então, que eles estavam contemplando seu chakra ou centro de força sutil, que é chamado ***Muladara***, ou raiz. Nesse centro dorme enroscada a serpente ***Kundalini***. A evocação de ***Kundalini*** manifesta-se primeiro por uma sensação de aquecimento e uma impressão como se uma roda começasse a girar onde o chakra está localizado. Em seguida, depois de uma respiração profunda, imaginam embaixo da coluna vertebral uma chama em forma de fuso vermelho, girando rapidamente sobre si mesma; deixam crescer mentalmente essa chama, até atingir seus membros inferiores, o plexo solar e em seguida os membros superiores e a cabeça. Desse modo, só pela imaginação e poderosa concentração esquentam o corpo como uma brasa.[4]

Para se submeter a essa prova, eles têm de praticar muitos exercícios respiratórios especiais, treinar a mente para uma concentração firme e ter recebido a iniciação de algum guru. Uma vez iniciados na prática do *tumo*, ou calor interno, renunciam ao uso de roupas e jamais se aproximam muito do fogo. De vez em quando, durante uma viagem a uma cidade, esses ascetas vestem uma minúscula tanga de algodão, chamada *res*, daí serem chamados também de *respas*. Assim que os lençóis secam, os lamas voltam a mergulhá-lo na água gelada. Os lençóis saem tesos e gelados e logo são enrolados em volta do corpo dos ascetas. Isso se repete até o amanhecer. Então, aquele que secou maior número de vezes os lençóis, durante a prova, obtém

4 Os psicólogos Schulz e Biswanger provaram cientificamente que, pela imaginação de um fogo, a temperatura do nosso corpo sobe alguns graus. E assim a imaginação age objetivamente, provocando o fenômeno do calor interno ou *tumo*.

o primeiro lugar.

– Quando param de praticar essa yoga do fogo, voltam a sentir frio? – perguntei.

– Sim, cessando a concentração e meditação profundas, aos poucos o corpo deles volta a ficar sensível. Mas isso só acontece com os iniciantes, porque os mestres do calor interno jamais deixam de produzir *tumo* no seu corpo.

Enrolada nos meus pesados agasalhos, estremeci de admiração por aqueles ascetas tão originais, que talvez passem a vida toda meditando nus, nas montanhas do Tibete.

Observamos que os lamas instrutores não estavam gostando de nossa presença ali.

– Deixemos os ascetas entregues às suas práticas e continuemos a viagem! – falou Vessantara.

– Que tal irmos visitar o Templo dos Dragões Alados?

– Impossível, senhor – replicou Kazi.

– Que pena! – exclamei.

– Mas... A alguns quilômetros daqui encontra-se o Templo da Calma Profunda, dirigido por monjas budistas, que costumam dar pousada aos viajantes.

– Então, vamos até lá!

As bonzas do Templo da Calma Profunda

Cavalgamos através da vasta região montanhosa, desabitada, inexplorada em sua maior parte, varrida pelos ventos. À tardinha chegamos ao templo. Parecia uma flor branca encravada num penhasco. Tivemos certa dificuldade em subir a serra escalavrada.

Chegamos, afinal, ao pátio do mosteiro. Entramos pelo portal de madeira esculpida de dragões, até alcançarmos duas arcadas, unidas no alto por um telhado recurvo, recoberto com telhas de porcelana verde, que rebrilhavam cobertas de neve. Pairava no ar um murmúrio de cânticos parecido com os dos monges gregorianos. No umbral da porta principal, vimos uma grande quantidade de saquinhos de seda colorida, cheios de ervas perfumadas. Estavam pendurados no teto, dentro de grandes balões, feitos de papel de arroz transparente.

E Kazi explicou:

– São ervas sagradas que afastam os malefícios. Antes de serem colocadas nos saquinhos, são abençoadas por meio de antigos rituais.

Sentimos no ar um doce aroma de sândalo, misturado com jasmim e heliotrópio. Aqui e acolá, ao passar pelos terraços cobertos, vimos algumas velhas monjas, vestindo longas túnicas de um azul forte. Uma delas veio ao nosso encontro. Kazi manteve com ela um diálogo em tibetano. Em seguida falou:

– Só há dois quartos disponíveis.

– Não importa, – retrucou o dr. Vessantara –, ficaremos num e as senhoras no outro. Os criados poderão dormir na cozinha, como é costume aqui no Tibete.

E assim foi.

Fomos conduzidos a uma extensa galeria iluminada por estranhas tochas sem fumaça.

– Estas são as tochas das vestais – explicou nosso guia. – São feitas com mechas de amianto e ardem inalteráveis durante milênios. No século XVIII, um grupo de arqueólogos holandeses encontrou aqui no Tibete, entre as ruínas de um templo, duas dessas tochas ardendo numa tumba subterrânea. Calcularam que devia estar acesa desde o século III antes de Cristo.

– E onde estão essas tochas? – indaguei.

– Atualmente estão no Museu de Raridades de Leiden, na Holanda. O fato de que existem essas tochas perenes num museu da Europa, é uma advertência contra a incredulidade de muitos ocidentais.

No fim da galeria ficavam os dois quartos. Mahima e eu ficamos no último. As paredes eram caiadas de branco. O chão, forrado com grossas esteiras de bambu. Num canto, uma mesinha baixa com uma estatueta de Gautama, o Buda. Nas duas janelas que davam para o jardim, coberto de neve, viam-se cortinas de esteirinhas de bambu. Em cima da mesinha vimos uma pequena esfera luminosa, fosforescente, de uma cor esverdeada, que aumentou de luminosidade quando a monja pronunciou a palavra ***Ram***.

– Quando quiserem aumentar a luz, é só pronunciar essa palavra, que é a semente sonora do fogo.

Assim que ela saiu, Mahima e eu examinamos detidamente a esfera. Parecia feita de cristal lapidado.

– É interessante como ela obedece à vibração do ***bija-mantra*** do fogo! – exclamou Mahima.

Soube então que esse ***bija-mantra*** ou palavra-semente do fogo tem relação com os ***tatwas*** ou forças sutis da natureza. A vibração dessas sementes sonoras vem ter ao plano físico através da constelação do Cruzeiro do Sul. Existem sete ***tatwas*** ou forças sutis da natureza, porém só cinco são ativos. Há também uma curiosa correspondência entre os ***tatwas*** e algumas partes do corpo humano. Por isso, os antigos ***Rishis*** – santos videntes da Índia – idealizaram a Yoga dos Cinco Elementos. Essa Yoga deve ser praticada entre 5:30h e 6:30h, ou entre 12:30h e 13:30h, ou, ainda, entre 19:30h e 20:30h, por serem horas de vibração positiva. O discípulo escolherá um lugar tranqüilo, e em pé, com o corpo voltado para o norte, imaginará formas geométricas coloridas, que correspondem aos ***tatwas*** ou forças sutis da natureza.

Assim, começa mentalizando ou imaginando um grande quadrado, que vai da planta dos pés aos joelhos, e é da cor laranja-terrosa. Enquanto está imaginando, dirá lentamente a palavra ***Lam,*** que é o ***bijam*** ou semente sonora do elemento terra que esse quadrado simboliza. Pouco a pouco, sentirá que uma vibração muito agradável brota da terra e sobe até seus joelhos. Deve ficar assim cerca de 10 segundos, ou o tempo que puder manter a mentalização. Em seguida, imagina uma lua crescente em posição horizontal, apoiada no quadrado. Essa lua crescente é de cor violeta e representa o elemento água. Sua semente sonora é a palavra ***Vam***. A vibração vinda da terra atinge e vibra nesse crescente lunar. O discípulo fica mentalizando isso pelo tempo que puder. Em seguida imagina um triângulo vermelho-vivo, tendo a base apoiada na forma anterior da Lua, e a ponta para cima, envolvendo o umbigo, o plexo solar e indo até a ponta do queixo. Baixinho, pronuncia a palavra ***Ram,*** que é a semente sonora do fogo. A vibração que vem da terra sobe e penetra nesse triângulo vermelho. O discípulo permanece visualizando o tempo que puder. Feito isso, imagina um grande hexágono verde-claro, apoiado na ponta do triângulo precedente, indo até à linha das sobrancelhas. A palavra a pronunciar é ***Pam,*** que é a semente sonora do elemento ar. A vibração que vem da terra sobe até esse hexágono, levada pelo pensamento do discípulo. Após cerca de 10 segundos, imagina então um outro crescente lunar, em posição vertical do lado esquerdo da cabeça, na cor azul-forte. Representa o ***akasha*** ou éter imponderável. A palavra a ser dita é ***Ham*** (com h aspirado). A última figura a ser imaginada, nessa Yoga dos Cinco Elementos, é um grande sol dourado, acima do olho direito. Esse sol simboliza o plano divino e a palavra é *Om*.

Esse *Om* é o símbolo universal do infinito. O presente, o passado e o futuro. E, segundo o ***Upanishad*** de Manduqui, o mundo interno expresso por uma única sílaba, e ainda tudo que pode existir fora dos mencionados três tempos. Deve ser pronunciado em tom de dó, ou de fá.

❄ ❄ ❄

No dia seguinte após nossa chegada ao Templo da Calma Profunda, os sinos nos despertaram antes do raiar do sol. Sentíamos um grande bem-estar ao respirar aquele ar puro como o linho fresco. Todo o ambiente emanava vibrações de bondade e tranqüilidade.

Saímos cedo do quarto e, após a toalete matinal, fomos conduzidos ao refeitório. Era uma grande sala circular, iluminada por várias janelas. Espalhadas em volta, vimos mesas de pedra, de tampo côncavo. Viam-se sobre as mesas cestas com frutas secas, coalhada e mel. Numa das paredes, viam-se pequenas portas de metal, como se fossem portas de fornos. E realmente eram. Uma noviça abriu algumas. Por trás de cada uma vimos uma cavidade contendo uma bandeja grande, cheia de pães escuros e quentinhos. Eram pães de centeio e cevada integral.

Comemos com satisfação e bebemos um chá levemente adocicado, que soubemos ser o famoso chá de raiz de ***ginseng***, oriunda da Coréia. Esse chá é revitalizante e consta que contêm princípios afrodisíacos e rejuvenescedores. Os tibetanos raramente bebem o chá preto. Preferem os chás de ervas naturais, como o ***ginseng***, folhas de artemísia e dente-de-leão, que são muito saborosos.

Após o desjejum, fomos conhecer o templo. Andamos por um pátio amplo, calçado de pedras lisas e redondas. Nesse pátio vimos muitas monjas de idades diversas. A maioria vestia túnica azul-forte, mas algumas usavam um hábito branco, barrado de azul. Um grupo de crianças brincava no pátio. Soubemos que no convento havia uma escola e uma espécie de orfanato para crianças abandonadas que as monjas recolhem nas cidades e aldeias mais próximas.

Vimos muitos claustros e capelas com seus deuses estranhos. Num deles havia uma grande janela redonda, que soube ser a janela da Lua Cheia.

Andamos por uma série de pátios internos, cada um deles com outro pátio menor ao centro, separados por filas de grandes colunas de pedra rosada. Afinal, subimos uma velha escada de pedra e fomos dar numa espécie de cela cavada na espessura da rocha. Vimos então um espetáculo curioso. No meio da cela via-se uma fogueira resplandecente que parecia brotar do coração da terra. O fogo girava sobre si mesmo e depois desvanecia-se, deixando atrás uma esteira rosada. Perto da fogueira vimos um grupo de monjas vestidas de branco. Ao lado, uma grande cesta contendo muitos hábitos brancos. Pegando neles, as monjas jogavam-nos dentro do fogo. E... eles não se queimavam! Momentos depois, eram retirados, tão alvos e perfeitos como se tivessem sido lavados com água e sabão.

Soubemos, então, que aquela era chamada a Fonte e o Coração da Vida que pulsa no seio da Terra. Banhando seus hábitos naquelas chamas, absorviam-lhes a virtude em toda a força virginal e dela impregnavam seus corpos. Os hábitos eram feitos de um mineral chamado amianto,[5] muito abundante nas montanhas tibetanas. Desse material, as monjas tiravam um fio grosso, semelhante à lã, com o qual teciam seus hábitos. Faziam também um óleo que, friccionado no corpo, tornava a pele imune às queimaduras.

Seguindo a noviça, fomos dar num jardim interno. No meio do jardim, um lago sereno. Nas margens do lago, lindas flores, que pareciam grandes rosas brancas.

---

5 Nota do editor: No mundo moderno a utilização do amianto foi condenada pela Organização Mundial da Saúde, sendo proibida a extração e industrialização na produção de telhas, calhas, caixas d'água e derivados. A sua utilização pelos lamas do Tibete comprova a extensão dos conhecimentos ocultos daquelas confrarias, que certamente conheciam neutralizadores para os seus efeitos maléficos.

– Essas plantas são oriundas dos vales do Himalaia, na Índia, e têm a maravilhosa virtude de variar a coloração, segundo a hora do dia, e não parecem mortas mesmo depois de murchas.

O dr. Vessantara, que conhecia botânica a fundo, examinou a planta detidamente. Logo explicou:

– O nome latino dessa planta é ***Hibiscus mutabili.*** O sábio Linneu, em sua obra ***Botânica Clássica,*** nos fala de 37 espécies diferentes de ***hibiscus*** como esses, cuja semente tem um perfume de almíscar. É uma planta original.[6] De noite, as flores fecham-se, mas, assim que amanhece, elas se entreabem e parecem rosas brancas. Ao meio-dia começam a ficar rosadas e, durante a tarde, ficam de um vermelho-púrpura muito lindo. Pertencem à família das malváceas e soube que os tibetanos consagram-nas ao Sol.

Com um gesto gracioso, a noviça inclinou-se e colheu duas flores. Entregou uma a Mahima e outra a mim.

Fiquei muito contente com aquele presente inesperado. Ergui a flor e aspirei seu perfume. Era muito suave, adocicado, levemente almiscarado.

Apontando para uma outra flor perto do lago, a monja disse:

– Aquela é a noiva do deus Mahakala. Breve celebraremos o casamento do deus com essa planta. Seu nome é mandrágora.

– Na minha terra essa planta é a planta dos feiticeiros! – exclamou Pierre Julien. – No sul da França, os camponeses sabem por tradição o terror que só o nome dessa planta despertava em seus antepassados. Para eles a mandrágora tem algo do ser humano, a quem é forçoso render culto.

– Lembro-me – falou Vessantara – de que a maior parte dos processos da Inquisição na Espanha têm como causa as manipulações com a mandrágora. Contudo, não creio que seja uma planta maléfica.

6 No Jardim Botânico do Rio de Janeiro há um exemplar dessa curiosa planta do Himalaia.

– Para nós, tibetanos, a mandrágora não é maléfica – falou o lama Kazi. – Por isso, todos os anos, no final de setembro, costumamos celebrar o casamento da mandrágora com o deus Mahakala. Esse deus, oriundo da Índia, representa uma forma de Xiva, na sua função de destruir para renovar. Alguns tibetanos ignorantes consideram Mahakala um espírito daninho.

– Como é o rito desse casamento? – indagamos.

– É um costume muito antigo no Tibete. Primeiro as monjas traçam um círculo mágico em volta de todo o jardim. Esse círculo é a firmeza do ritual. Tem o valor de ordens escritas que devem ser obedecidas por uma falange ou legião enorme de entidades espirituais. Depois as monjas colocam a mandrágora no meio do círculo. Enquanto isso, um lama, vindo de algum templo das redondezas, retira, do escrínio onde fica trancada o ano todo, a estátua do deus Mahakala. O casamento começa quando o lama e uma das noviças seguram, por cima da planta e do deus, um rico xale de musselina bordado a ouro. O lama recita orações secretas, enquanto um grupo de noviças espalha punhados de arroz cru e grãos de açafrão sobre os noivos, isto é, a planta e a estátua do deus. Terminada a cerimônia, o lama guarda o xale e a estátua é colocada à sombra de sua noiva. As monjas cantam e dançam celebrando as virtudes de um e de outro.

– Qual o significado dessa união? – perguntamos.

– Esse rito possui um profundo significado oculto, que não podemos revelar... Contudo, dizem nossas tradições que um deus átomo dorme em cada pedra. Logo, desperta em cada planta. Move-se em cada animal. Pensa em cada homem e ama em cada anjo. Daí concluímos que devemos tratar cada pedra como uma planta, cada planta como um animal querido, cada animal como um ser humano e todo ser humano como um deus, pois nele vive a centelha divina EU SOU... Eis tudo o que posso dizer...

Continuamos nosso giro pelo Templo da Calma Pro-

A dança do povo, em frente ao templo da Garganta do Ídolo Vermelho.

funda. Vimos muitas salas, pátios e santuários e ficamos encantados com a limpeza e a ordem de tudo.

Naquela tarde, uma forte tempestade de neve impediu nossa partida. Ficamos contentes por não termos que partir. Sentíamos prazer em prolongar nosso contato com as monjas.

Foi bom termos ficado, porque acabamos conhecendo muitas tradições antigas do Tibete. Entre elas destaca-se a que se refere ao fabuloso rei Melquisedech.

O Rei do Mundo e os misteriosos reinos subterrâneos

Conversando com a monja Dolma, Superiora do Templo da Calma Profunda, soubemos o seguinte:

Consta que Melquisedech é uma das entidades mais elevadas na hierarquia dos planos espirituais. Foi rei de

Salém, sacerdote do Altíssimo, contemporâneo de Abraão. Não teve pai nem mãe. Foi autocriado. Nasceu de si mesmo, como uma das poderosas manifestações de Deus na Terra. Juntamente com outros mestres ascensionados, ele dirige a evolução na Terra e seus grandes movimentos políticos, artísticos e religiosos. O título de Rei do Mundo significa o Legislador Primordial. Vive ele na cidade subterrânea de *Paradesha* ou centro do mundo. Os que vivem ali são sempre jovens e sadios. Têm um adiantamento espiritual tão grande que não devem mais reencarnar sobre a Terra. Num futuro distante, eles sairão de suas cidades subterrâneas e aparecerão para salvar a Humanidade.

Os reinos subterrâneos ficam no interior oco da Terra. Os pólos não existem. Há aberturas nas extremidades norte e sul. No interior encontram-se vastos continentes, oceanos, montanhas e rios. Existe uma vida vegetal e animal nesses mundos subterrâneos que são povoados por uma raça desconhecida dos habitantes da superfície.[7]

Os construtores desses reinos subterrâneos, como a maior parte dos seus habitantes, pertencem a uma raça antediluviana que povoava os continentes da Lemúria e da Atlântida. Quando esses continentes foram engolidos por um terrível cataclismo, os sobreviventes procuraram refúgio no seio da Terra, penetrando aí através das aberturas polares a bordo de seus carros celestiais ou *vimanas*. Voavam a bordo desses engenhos que utilizavam uma forma de energia obtida diretamente do ar, chamada *Prana*. Desde então

7 O primeiro ocidental a apresentar a teoria da terra oca com aberturas nos pólos foi um pensador americano, William Reed, autor do livro *Fantasma dos Pólos*, publicado em 1906. Essa obra fornece a primeira compilação de provas científicas baseadas nos relatos dos exploradores árticos.

Reed observou que a Terra não é uma verdadeira esfera, mas achatada nos Pólos, ou melhor: que começa a achatar-se logo que nos aproximamos dos hipotéticos Pólos Norte e Sul. Os pólos estão entre o céu e a terra, no centro das aberturas polares, e não à superfície. Raymond Bernard, em seu livro *The Hollow Earth*, ou *A Terra Oca*, diz o mesmo, apoiado em documentos dignos de todo o crédito.

muitos desses carros celestes têm circulado na atmosfera interior da Terra.

Paradesha é também chamada de Agharta por muitos budistas.

Esse império misterioso tem milhões de habitantes e numerosas cidades. A capital é Shambala, onde reina o Governante Supremo, cujo representante terrestre é o Dalai-lama. Suas ordens são transmitidas através de túneis secretos que ligam o mundo subterrâneo com o Tibete. Existem túneis semelhantes no país de *O Fu Sang* (Brasil). O Brasil e o Tibete parecem ser as duas partes do mundo onde os contatos com Agartha podem ser feitos mais facilmente.

As tradições budistas dizem que Agartha surgiu, há muitos milhares de anos, quando um homem santo, Guesar de Ling, à frente de uma tribo das planícies de Tchang, foi para o norte, penetrou nas entranhas da Terra e desapareceu para sempre. O norte é tido como a direção mística e muitos livros da Índia e do Tibete dizem que "os caminhos do norte conduzem o yogui à libertação suprema".

O Rei do Mundo já foi visto durante as festas solenes do antigo budismo, no Sião e na Índia, onde já apareceu cinco vezes. Veio num carro magnífico, puxado por elefantes brancos. Usava uma túnica e um manto de seda branca e trazia na cabeça uma tiara vermelha, de onde pendiam muitos fios de diamantes; que lhe ocultavam o rosto. Abençoou o povo com uma maçã de ouro, em que se assentava um cordeiro. Os cegos recuperaram a vista, os surdos ouviram, os doentes se curaram e os mortos erguiam-se dos túmulos à medida que neles pousavam os olhos do Rei do Mundo.

Em Agartha, os sábios registram, em placas de pedra, todas as ciências do nosso planeta e dos outros mundos. Os budistas chineses sabem disso. Diz a lenda que, uma vez em cada século, os sábios da China reúnem-se em segredo, num lugar perto do mar. Então, 100 tartarugas-gigantes saem do oceano e os sábios gravam-lhes no dorso as conclusões da ciência divina do seu século.

O Dalai-lama enviou embaixadores ao Rei do Mundo, mas eles não conseguiram descobrir a entrada para os reinos subterrâneos. Dizem que um chefe tibetano, depois de uma batalha com os Olets, encontrou-se diante de uma caverna, cuja entrada tinha a seguinte inscrição: "Esta porta conduz a Agartha!".

Da caverna saiu um homem de aparência bela, que lhe deu uma placa de ouro, com estranhas inscrições, que diziam:

> O Rei do Mundo aparecerá a todos os homens quando chegar o tempo da guerra do bem contra o mal. Mas esse tempo ainda não chegou. Os piores membros da raça humana ainda não nasceram.

Todo esse relato sobre o Rei do Mundo e os misteriosos reinos subterrâneos deixaram-me perplexa.

Acho difícil admitir a existência de mundos subterrâneos habitados por pessoas iguais a nós. Acredito, porém, que pode ser uma raça de super-homens, com corpos fluídicos feitos de células diferentes das nossas.

Durante o tempo que passamos com as monjas do Templo da Calma Profunda, aprendemos muitas coisas surpreendentes. Aliás, parodiando o sábio Louis Jacolliot, podemos dizer: "Presenciamos coisas que não nos atrevemos a relatar, por temor de que nossos leitores se riam de nós e duvidem da nossa razão ou da nossa boa-fé, não obstante serem certas todas as coisas que vimos..."

4

Milagres de levitação – Tsampa Tendar, o velho da montanha – Um casamento no Tibete – O Mosteiro de Gandin e sua árvore fabulosa – A cura pelas ervas e perfumes – A morte de um lama do Chapéu Amarelo – Ritos de um enterro no País das Neves.

Milagres da levitação

Assim que a tempestade passou, deixamos o Templo da Calma Profunda. Durante a jornada, fomos colhendo informações aqui e ali. Soubemos que, na encosta de uma montanha, não muito distante de onde estávamos, encontrava-se o templo dos monges que voam, os famosos ***Lung-gom-pas*** ou Dragões Alados do Tibete. Não podíamos ficar nesse templo porque é contra a regra dos monges. Mas pretendíamos visitá-lo, contando com a ajuda do lama Kazi. Naquela noite nos abrigamos numa grande caverna ao pé da montanha. Esperamos ali dois dias para que Kazi fosse ao templo e voltasse com a permissão dos lamas. Assim que ele chegou, deixamos os criados na caverna, juntamente com nossas bagagens e partimos, guiados por ele.

Caminhamos através de extensa planície coberta de neve. Uma hora depois, passamos por uma garganta de rochas abruptas. Ali paramos um pouco para descansar. Víamos ao longe o Templo dos Dragões Alados, com seu telhado recurvo, coberto de neve, sua arquitetura muito semelhante aos outros templos que já tínhamos visto no Tibete.

Ao longe vimos um grande tronco de árvore retorcida, e acima dele algo que nos pareceu um grande pássaro.

– Olhem! – exclamou Kazi. – Um monge que voa, um *Lung-gom-pa!*

Pierre Julien preparou a máquina de filmar, colocando uma lente de grande alcance. E começou a filmar. De repente, a figura moveu-se no ar e desapareceu por entre as altas montanhas.

Algum tempo depois, chegamos ao templo. Fomos recebidos por quatro noviços, altos, magros, pele morena, olhos muito pequeninos e cabeça rapada. Vestiam túnicas amplas de um tecido grosso e amarelo. Eles nos levaram para uma sala pequena e rústica, sem nenhuma mobília. Sentamos no chão, sobre um tapete de lã grossa, e nos serviram chá de ervas medicinais, com bastante manteiga e sal. Como estava muito frio, essa bebida quente e gordurosa nos aqueceu.

Ficamos sabendo que o Superior do templo era um velho e sábio lama chamado Tsampa Tendar, que vivia há oito anos, sentado imóvel em sua cela, meditando em silêncio. Mas dirige telepaticamente seus 80 discípulos. Visitamos as principais dependências do templo, que nada tinham de especial. Depois nos levaram até à cela de Tsampa Tendar. A cela era de uma simplicidade extrema. As paredes de pedra e o chão, de terra batida. Por uma fenda na pedra penetrava a luz do dia. A luz tênue iluminava o rosto fino e ascético do velho lama. Sua pele era de um tom marfim, o cabelo branco e áspero, a túnica grossa de lã amarela, e nas mãos muito magras um rosário tradicional de 108 contas. Esse rosário é usado por quase todos os monges do Tibete. Sua expressão era de absoluta serenidade.

Soubemos que pelo bárbaro processo de mumificação em vida, ele conseguira ressecar o fígado e os intestinos. Atualmente vivia só da vibração da força sutil do ar, cujo nome é *prana*. Ante seus olhos antigos, fixos no infinito, sentimos uma sensação de alheamento. Por alguns momentos olhamos o velho Tendar, enviamos a ele nossa saudação e saímos. Fomos até um salão ornado de pinturas em seda chamadas *thankas*.

Como sempre, essas pinturas representam divindades lamaístas. Indagamos sobre os exercícios praticados pelos monges que voam e a resposta foi o seguinte:

– Inicialmente o noviço senta-se no chão com as pernas cruzadas, na postura do lótus. Isola o chão antes com grosso cobertor ou almofada, para evitar as vibrações negativas da terra. Aspira o ar, lentamente, pelo nariz. Retém a respiração e salta, sem fazer uso das mãos, conservando as pernas cruzadas. Pratica isso tantas vezes quanto puder. Consta que alguns monges chegam a saltar a grande altura. Depois, seguem alguns ritos para conseguir a neutralização do peso. O período de estudo leva três anos, três meses, três semanas e três dias.

Seguem também muitos adestramentos psíquicos da Yoga. Alguns conseguem tamanha perfeição que podem sentar sobre o talo de uma flor, sem dobrá-la...

Tudo isso fez-nos recordar que também a tradição da Igreja Católica aceita a teoria da levitação. Basta citar os casos de Santa Teresa d'Avila e do próprio Jesus, que andou sobre as águas. Embora por outros métodos, eles também conheciam o segredo da levitação.

Sabe-se que a maioria dos lamas dos grandes mosteiros tibetanos desaprova as práticas dos monges que voam. Quando alguém comenta o assunto, respondem contando a seguinte história:

> Durante suas andanças pela Índia, Sidarta Gautama, o Buda, encontrou um eremita muito cansado, sentado à porta de sua cabana, no final de um bosque.
> – Há quanto tempo vives aqui? – perguntou Buda.
> – Vinte e cinco anos.
> – E qual o resultado desses anos de meditação?
> O eremita respondeu, orgulhoso:
> – Sou capaz de atravessar um rio, andando sobre as águas!
> – Pobre amigo – disse Buda –, pouparias muito mais tempo se pagasses um barqueiro para atravessar o rio num barco...

Tsampa Tendar, o velho da montanha

São muitas as lendas que correm sobre Tsampa Tendar, o guru dos monges que voam. Entre elas conta-se que, no último dia do ano, Tendar voa em direção ao monte Potala e lá se reúne com os mestres da Fraternidade Branca do Oriente. Seu discípulo Laikey contou-nos também o seguinte:

> Tendar nasceu num lar humilde, na região de Ngari, na tribo dos aborígines ***lepchas***. Ainda pequenino, foi levado para o mosteiro de Tulung Tserpung, na cidade de Lhassa. Foi educado pelos lamas e lá aprendeu todas as magias. Como não queria ser mago negro, deixou o mosteiro e foi para bem longe. Esmolou de cidade em cidade. Suas mãos, dotadas de um maravilhoso dom curativo, aliviaram muitos males e curaram muitos enfermos. Assim que completou 50 anos, Tendar resolveu devotar-se à meditação e tornou-se um ermitão contemplativo. Passaram-se 30 anos, e somente então Tendar tornou-se um Lung-gom-pa ou Dragão Alado. Um dia, caiu em transe profundo. Seu corpo levitou e voou em direção à cidade de Lonak. Quando voltou a si, estava sendo atendido por Laikey, que naquela época era pastor de cabras. Julgando-o um santo imortal, o pastor caiu de joelhos e prestou-lhe homenagens. Tendar desfez o engano e começou a ensinar a Laikey o muito que sabia. Assim, Laikey foi o primeiro discípulo de Tendar. Ambos construíram uma pequena ermida de pedra. Depois, chegaram outros discípulos, que construíram o mosteiro atual dos monges que voam.

E, após contar tudo isso, Laikey deu por terminado nosso encontro. Daquela região distante e brumosa, onde vivem os monges que voam, trouxemos algumas notas que serviram hoje para, neste livro, recordar a história de Tsampa Tendar – o eremita que parece haver escapado às limitações físicas.

Um casamento no Tibete

Eram quatro horas da manhã, quando deixamos a caverna das montanhas de Khangma e seguimos viagem, rumo à região de Gyangtse. O céu estava azul-escuro e o ar, leve e frio. Entramos numa garganta, cavada há séculos pelo rio Nyang, através da qual ainda corriam suas águas, parcialmente geladas. Andamos por esse caminho estreito e perigoso, puxando nossos animais pelas rédeas. Afinal, alcançamos um vale e pudemos montar novamente. O vale foi-se ampliando, até que avistamos a planície de Gyangtse.

Gyangtse está situada no centro de uma área fértil e populosa. Pelo caminho, fomos encontrando camponeses e negociantes ambulantes. Eles sorriam à nossa passagem e punham a língua de fora, num curioso sinal de boas-vindas.

Encontramos alguns lamas, a cavalo, acompanhados por discípulos. Aos poucos foram surgindo casas pequenas e grandes. No meio de pequenas colinas os telhados recurvos e dourados dos templos brilhavam como gotas de sol.

As bonitas casas brancas de Gyangtse estavam cheias de gente alegre que veio para as janelas e varandas, ver uma caravana de comerciantes chineses, que acabava de chegar.

Chegamos a um vasto campo, onde vimos muita gente reunida em volta de várias tendas de couro. Um grupo de moças dançava ao som de uma espécie de atabaque. Suas túnicas eram alegres, em tons de verde, vermelho e azul. A saia era franzida e longa. A blusa fofa de mangas amplas, compridas, e sobre ela um avental de seda listrada de várias cores.

Paramos perto das tendas e desmontamos. Um senhor tibetano veio ao nosso encontro. Kazi explicou-lhe sobre nós. Soubemos, então, que celebravam a festa do casamento de Maitrei Kuchog – filha do governador de Sikkim – com um capitão da guarda pessoal do Dalai-lama. A cerimônia seria à tardinha, antes do pôr-do-sol, e podíamos assisti-la. Agradecemos e Kazi disse que voltaríamos mais tarde.

Fomos para uma hospedaria, comemos, descansamos e voltamos. Compramos flores e fomos ao palácio do governador de Gyangtse, onde a noiva estava hospedada. Entramos num pátio, em forma de arco, lembrando o estilo espanhol. Ele estava cheio de gente, era amplo e bem cuidado. Lindas piscinas, margeadas de flores, espalhavam-se por bosques de bambu. Num pequeno pavilhão ao sul, os convidados deixavam os presentes. Deixamos ali nossa humilde oferenda. Sobre um grande tablado forrado de azul e semeado de almofadões bordados, estavam sentados o governador e altas autoridades de Gyangtse. Num outro tablado, em frente, também forrado de azul, estavam os lamas do Chapéu Amarelo, que oficiariam a cerimônia. Ao lado deles, os irmãos do noivo. Soubemos, então, que, segundo a lei tibetana, a noiva desposaria também os irmãos do noivo...

Ao todo, eram cinco, jovens ainda. Entre eles, um bonito rapaz de uns 20 anos. Estavam vestidos com túnicas de brocado dourado, ornadas de peles de lontra. A noiva teria um belo harém de maridos!

Soubemos, então, que o Tibete é um dos poucos países do mundo onde há a poliandria oficial. Apesar da escassez de homens livres – pois, entre cada dois rapazes, um é monge –, a mulher pode casar-se com vários homens ao mesmo tempo. Basta que tenha meios para sustentá-los.

Numa família onde não há varões, o marido nº 1 é obrigado a adotar o sobrenome da mulher. No Tibete, o ciúme é praticamente desconhecido. Lá, nunca houve um crime passional. Não costumam apurar quem é o pai de uma criança, nascida numa família onde há muitos maridos. Geralmente, a criança chama de pai ao marido número 1, e de tio, aos outros. A questão da virgindade também não é exigida. As moças tibetanas têm uma vida sexual livre. Mas há uma lei severa que as proíbe de engravidar enquanto são solteiras. Por isso, os meios anticoncepcionais naturais são muito conhecidos.

O divórcio é permitido, mas é muito dispendioso. Se

um marido pede divórcio, tem de pagar uma quantia proporcional ao número de anos que viveu com a esposa.

Tomamos lugar entre o povo e ficamos à espera da cerimonia. Em dado momento, ouvimos o soar de um gongo. E logo apareceu a noiva.

Era uma bonita moça de uns 18 anos. Vestia a túnica nupcial chamada ***chuba***. Constava de uma longa saia franzida de brocado vermelho, bordada a ouro; uma blusa rosa-intenso e um avental de seda listrado de verde e dourado. Esse avental é chamado ***pagng-den***. A noiva tinha longos cabelos lisos e negros, repartidos ao meio, reunidos numa grossa trança, que lhe caía além da cintura. Na cabeça, um barrete de pele de raposa branca, enfeitado com um grande broche de esmeraldas, turquesas e rubis.

Todos aplaudiram quando ela andou em direção ao noivo nº 1. Ouvimos uma música alegre. Logo, um dos lamas desceu do tablado e traçou no chão, com um pó branco, o velho emblema budista – uma cruz suástica!

O noivo ergueu-se e sentou-se no chão em cima da cruz. Junto dele, o lama traçou, com o mesmo pó branco, uma grande flor de lótus. E a noiva sentou-se sobre a flor, com as pernas cruzadas à moda oriental. Tirando do seio um grande lenço de gaze vermelha, ela o amarrou em volta da cabeça do noivo. Ele sorriu. Tirou do braço uma larga pulseira de ouro e entregou-a à noiva. Ela ergueu a pulseira acima da cabeça e começou a cantar. Era uma espécie de oração aos seres elementais que habitam a terra, o ar, a água e o fogo.[1]

1 Diz a tradição que esses espíritos elementais são os invisíveis obreiros da natureza, alados por Deus, para servir à humanidade. São feitos de pedacinhos de ar colorido, chamado éter imponderável, e só as crianças e alguns videntes os podem ver. Os seres elementais servem à humanidade de acordo com seus predicados: as salamandras, por meio do fogo; as sereias e ondinas, por intermédio da água; as fadas, silfos e sílfides, em função do ar, e os gnomos, por meio da terra. Eles preparam os corpos etéricos do ser humano, como Elementais do Desejo, zelam pela água, pelo ar e tudo o que é preciso para que possamos viver aqui. Os mestres dizem o seguinte: "Esses seres elementais devem servir à humanidade com amor, e a humanidade deve, por gratidão, amá-los e

Depois, fez um juramento de fidelidade aos maridos, desejando que seu primeiro abraço fosse doce como a chegada do primeiro dia da primavera.

Em seguida fez um apelo à corte dos anjos, para que estivessem presentes na cerimônia:

Anjos do amor, Anjos da paz
apelamos por vós;
Anjos da beleza, Anjos da misericórdia,
vossa perfeição nos liberta.
Anjos da consolação do Raio Rosa,
Anjos da cura, vinde todos.
Anjos da bondade e da bem-aventurança,
estamos prontos a servir!

Anjos da sabedoria, da alegria e da vitória,
apelamos por vós;
Anjos da verdade e da mestria,
vossa iluminação nos liberta.
Anjos da compensação do Raio Dourado,
Anjos da bênção vinde todos;
Anjos da paz e da perfeição,
estamos prontos a servir!

Anjos da lealdade, Anjos do poder,
Apelamos por vós;
Anjos da firmeza, Anjos da força da
Vontade Divina, oh! libertai-nos.
Bem-amado protetor do Raio Azul,
Anjos do servir vinde todos;
Anjos da proteção, da unidade,
estamos prontos a servir!

---

abençoá-los! O reino elemental age em direção ascendente, começando pela menor das inteligências até os construtores das formas, que criam os corpos humanos no plano astral. São os elementais que constroem as montanhas, as rochas, as pedras, os metais. As marés são regidas por eles, assim como o fogo dos vulcões. Afirmam os ocultistas que os seres elementais são ***seres mentais*** (el-e-mental), isto é, espíritos divinos. Cumpridas suas tarefas eles alcançam a dignidade de um Elohim ou Filho de Deus ou tornam-se os veladores silenciosos de um planeta, um sistema solar ou uma galáxia.

Anjos da Liberdade, Anjos do amor,
apelamos por vós;
Anjos da misericórdia, do equilíbrio,
vossa liberdade nos liberta.
Anjos do Raio Violeta
e do perdão, vinde todos;
estamos prontos a servir!

Anjos da vida, Anjos da ascensão,
apelamos por vós;
Anjos da Chama Verde, Ouro e Rubi,
vossa superioridade nos liberta.
Anjos da pureza do Raio Branco,
Anjos do céu, vinde todos;
Anjos da perfeição divina,
estamos prontos a servir!

Eu escutava fascinada aquele apelo aos anjos, que nos foi transmitido pelo lama Kazi. Quando a noiva se calou, parecia tocada por um halo sobrenatural.

Foi acesa uma grande fogueira que já estava armada no pátio. Os lamas oficiantes jogaram no fogo punhados de ervas perfumadas, um pouco de leite, manteiga e arroz cru. De mãos dadas, a noiva e os noivos andaram em volta do fogo cantando. Depois, um dos lamas oficiantes, empunhando um bastão dourado ornado de fitas multicores, tocou-lhes o alto da cabeça, a testa e o coração, pronunciando a bênção:

> Selados no poderoso amor, sabedoria, poder e consolação do Espírito Santo, bem-amado MAHA CHOHAN, agradecemos a vós e aos reinos dos elementais e dos Anjos, às ascensionadas legiões de Luz, a assistência que nos prestaram.
> Ajudai cada um de nós a ser a Presença Consoladora em ação, para toda vida que contactemos com nossos pensamentos, sentimentos, palavras e atitudes. Expandi nosso humilde esforço e envolvei toda a vida de nossa cidade, do nosso país e de todo o mundo, com Vosso amor, até que o mundo inteiro seja feliz,

perfeito e livre.
Nós Vos agradecemos!.

Ouvimos os acordes de uma suave música de flauta e a cerimônia terminou. Houve gritos e vivas de todos. E a uma ordem do governador começou a distribuição do ***Koumi***, vinhos e licores tibetanos, ***Cheng*** – a cerveja nepalesa muito apreciada no Tibete –, verdadeiras montanhas de carne de carneiro cozida no leite, frutas, bolos e mil-e-uma especiarias da cozinha tibetana. Todos comeram fartamente e em seguida começaram a dançar em volta da fogueira.

Em dado momento, o noivo nº 1 fez um sinal, e um criado trouxe-lhe um cavalo. Era um bonito animal, de pêlo branco, ricamente enfeitado de plumas e moedas de ouro. O rapaz montou, depois abaixou-se rapidamente e ergueu a noiva pela cintura. Ela se ajeitou na sela e saíram galopando em direção à montanha, onde ficaria com o noivo durante sete dias.

A festa continuou, mas tínhamos visto o bastante. Já sabíamos como era um casamento tibetano. Então, alegres e cansados, regressamos à hospedaria.

O mosteiro de Gandin e sua árvore fabulosa

No dia seguinte, acordamos quando o Sol já ia alto. Depois do almoço, saímos para visitar a cidade. A paisagem divide-se em três zonas coloridas: o azul-cobalto do céu, o ocre-alaranjado das muralhas e, ao longe, o verde das montanhas cobertas de neve. Sobre um rochedo amarelo cercado de precipícios, ergue-se o ***Dzong***, isto é, o forte da cidade de Gyangtse, fronteira da província chinesa de Kansu. Contornamos, a pé, o rochedo, e lá estava a cidade aos nossos pés.

A maioria das casas e das lojas é construída em terreno plano. Os templos ficam no semicírculo das colinas. Destaca-se entre eles o célebre ***Kum Bum*** ou mosteiro das Mil Imagens.

Andamos pelas ruas da cidade, seguidos por um bando de crianças que gritavam e corriam acompanhadas por alguns cachorros vadios. Os cachorros tibetanos, com exceção do ***Lhassa apso*** – o cão sagrado –, parecem uma mistura de pequinês com pêlo-de-arame. São engraçados e muito inteligentes.

A algazarra das crianças nos perturbava, e não sabíamos o que fazer. Fomos andando até ao mercado onde há de tudo: roupas, peles, frutas e doces. Um velho, com um grande tabuleiro, vendia doces cristalizados de brotos de rododendro. Demos dinheiro às crianças para comprarem doces e, assim, elas nos deixaram em paz. Enquanto a garotada se espalhava pelo mercado, fomos parando aqui e ali. Vimos produtos de artesanato local: bules de porcelana, objetos de prata, de cobre e de cerâmica. Nada de especial.

As rúpias indianas circulam aqui tal como o ***tranka,*** dinheiro tibetano que é feito de couro e prata. As moedas de ouro há tempos desapareceram de circulação. Circula também um papel-moeda com notas de 10, 50, 100 e 500 ***trankas.*** De um lado têm gravados arabescos fantásticos de cores vivas; do outro, a figura do leão do Tibete, destacando-se, sob as montanhas nevadas, os oito signos da sorte e o carimbo do governo.

Vimos muita gente no mercado, ricos e pobres. Alguns mendigos, com um moinho de orações na mão, faziam-no girar vertiginosamente. Quando passamos por um grande arco de madeira, dois monges vieram ao nosso encontro. Ofereceram-se para nos guiar até ao Templo das Mil Imagens. Esse templo é um dos mais famosos do Tibete.

Diz a lenda que, pouco antes do nascimento de Tsong Kapa – o grande reformador religioso do País das Neves –, um profeta falou que o menino seria um ser maravilhoso, com a missão de reformar a religião lamaica. E assim, em

1555, Tsong Kapa nasceu numa montanha de Amdo, nordeste do Tibete, num lugar isolado, onde sua mãe tinha ido levar oferendas aos deuses. Do sangue perdido durante o parto e do corte do cordão umbilical, nasceu uma árvore misteriosa. Então, várias marcas apareceram nos ramos e na casca da árvore, inclusive as seis sílabas sagradas: *Aum Mani Padme Hum*.

Esta é, pois, a origem do nome Kum Bum – Mil Imagens.

Fomos andando em direção ao templo, muito curiosos para ver e observar tudo. O templo é todo branco e tem o telhado dourado. Na cúpula, há uma pintura representando dois enormes olhos castanhos.

Os muros exteriores são inteiramente pintados com figuras de deuses lamaístas. Ao lado das figuras são pintados também as famosos mandalas. No último andar, na parte exterior, vê-se a estátua de pedra representando Dorje Chang, o Absoluto. Passamos pelo pátio central, atravessamos um vestíbulo e saímos num parque sombreado de árvores copadas. Ali, passeavam em silêncio, rezando seus rosários de coral, vários lamas usando a clássica toga amarela. Continuamos andando. Passamos pelos lamas e entramos num salão grandioso e sombrio. No fundo, vimos nove portas de cobre com o sinete do Dalai-lama. Em cada extremidade do salão, vimos longas cítaras, suportadas por dragões de porcelana azul. No lado oeste havia uma mesa de oferendas. Era de ébano e lápis-lazúli. Sobre ela, jarrões de ouro e prata, cheios de flores. Visitamos 73 capelas, cada qual mais linda que a outra. Pierre Julien, no seu afã de arqueólogo, copiou velhas inscrições e símbolos arcaicos.

A mais bonita capela é a de Maitreya, o Buda do futuro, o Senhor da Compaixão. Fomos seguindo na nossa visita. Passamos pela cela dos ermitãos. Depois por um amplo vestíbulo, iluminado por candeeiros de prata em forma de lótus. Ali estavam as estátuas, em tamanho natural, dos lamas-chefes de Kum Bum, já falecidos. Diante de cada uma, um relicário de ouro incrustado de pedras preciosas, contendo as suas cinzas.

Mal podíamos conter nossa curiosidade de ver a árvore milagrosa de Kum Bum. Nos relatos de sua jornada ao Tibete, os padres franceses Huc e Gabet afirmam ter lido as palavras *Aum Mani Padme Hum*, nas folhas e nos troncos das árvores. Insistem sobre o fato de que as letras, em vias de formação, apareciam também nas folhas novas e debaixo da casca da árvore.

A descrição dos reverendos abades franceses do século XVI é realmente exata, foi o que constatamos logo em seguida. Atualmente, essa árvore milagrosa está protegida por um *Chorten* ou relicário, aberto na parte de cima, de uns 12 a 15 metros de altura.

As crônicas antigas de Kum Bum dizem que essa árvore permanece inalterável, quer seja inverno ou verão, e que o número das folhas é sempre o mesmo.

O *Chorten*, aberto em cima para que penetre a luz do Sol, eleva-se em meio a um pequeno templo com telhado dourado.

Em frente a esse templo cresce um rebento da árvore milagrosa, rodeado por uma grade de madeira pintada de branco.

Uma outra muda maior, originada da árvore milagrosa que está dentro do relicário, foi transplantada para um pequeno jardim que precede o templo interno.

Os lamas recolhem as folhas caídas dessas duas árvores, para distribuí-las entre os visitantes.

Cada um de nós ganhou uma dessas folhas. Nela vimos gravados o símbolo masculino e feminino do Cosmos, juntamente com o restante da fórmula sagrada: *Aum Mani Padme Hum*!

Soubemos, então, que as seis sílabas dessa fórmula correspondem às seis classes de seres conscientes e estão relacionados com as cores místicas:

Aum corresponde ao branco e relaciona-se com os

deuses (*Lha*).
Ma corresponde ao azul e relaciona-se com os não-deuses (*Lhama-yin*).
Ni corresponde ao amarelo e relaciona-se com o ser humano (mi) e também com o símbolo dos princípios masculino e feminino do Cosmos, o *Yin Yang*.
Pad corresponde ao verde e relaciona-se com os animais (*tudô*).
Me corresponde ao vermelho e relaciona-se com os não-humanos ou elementais.
Hum representa a ausência de cor, o negro, e relaciona-se com os que sofrem no purgatório.

Dizem os lamas que a recitação dessa ***Aum Mani Padme Hum*** pode liberar do renascimento em qualquer dos seis reinos.

Olhamos atentamente aquela folha milagrosa e a guardamos como preciosa relíquia. Após andarmos muito pelo parque, vendo uma coisa e outra, deixamos os lamas de Kum Bum entregues às suas meditações e voltamos à hospedaria.

A cura pelas ervas e perfumes

Naquela noite, adoeci de repente. Tive há tempos uma febre perniciosa, mas não dei atenção. Seria a mesma febre que me acometia de novo? Passei o dia indisposta e febril. Mahima sugeriu que chamássemos um médico. Mas Kazi achou melhor levar-me para consultar o médico-lama do mosteiro de Kum Bum. E assim fomos até lá. Explicamos a um noviço o motivo da nossa ida e ele nos levou a um pátio interno, que não tínhamos visto anteriormente por ocasião de nossa visita. Nesse pátio estavam as *garbas* ou celas dos médicos do templo.

O noviço parou junto a uma delas e entramos. Era uma cela pequena, iluminada por um candeeiro a óleo. Vimos nas paredes inúmeros feixes de ervas secas e um aroma muito agradável desprendia-se delas. Sentado no chão, com as pernas cruzadas, estava um rapazinho de uns 20 anos, vestido com a toga clerical amarela. Seu rosto era magro, de expressão séria, e na sua cabeça raspada vimos as sete cicatrizes do ritual místico. Ele parecia ler um grande livro de capa de madeira. O noviço falou-lhe em voz baixa. O rapaz olhou-nos atentamente e fez um sinal para que sentássemos perto dele.

Com a mão direita, o jovem lama traçou no ar sinais estranhos, como se fizesse um apelo às forças invisíveis. Aplicou o ouvido direito à minha mão esquerda, tomando assim o meu pulso à moda chinesa, isto é, observou meus 14 pulsos, oito à direita e seis à esquerda. Consta que cada um deles corresponde à atividade hiper, hipo ou normal dos órgãos internos.

Ficou quieto alguns minutos. Depois falou:

– Escute e creia, pois o que lhe direi é a pura verdade: a doença que tem não é grave. Apenas um desequilíbrio entre o positivo e o negativo, ou ***Yin*** e ***Yang***. Amanhã estará curada.

Dei um sorriso incrédulo, mas fiquei em silêncio. O lama queimou um punhado de ervas perfumadas num braseiro. Mandou que eu aspirasse profundamente o aroma das ervas. Assim o fiz.

– Esse é o seu perfume-remédio – disse ele. – Aqui no templo, tratamos os doentes pelo processo da osmoterapia e acupuntura. Sabemos que cada pessoa está em vibração com certas plantas que, por sua vez, estão influenciadas pelos astros. Pelo formato do seu rosto sei que nasceu no mês de maio, sob a influência dos planetas Vênus e Saturno, e as plantas que vão curá-la são essas, cujo aroma acaba de aspirar. Amanhã, já não terá mais febre. Mas, como seu fígado está inflamado, é preciso voltar aqui amanhã, para fazer uma aplicação de acupuntura.

Terminada a consulta, deixamos o templo e voltamos à hospedaria. À noite, piorei muito. Já estava descrente da medicina dos lamas, quando aos poucos senti um alívio. A febre foi baixando e logo um grande bem-estar invadiu todo o meu corpo. Senti uma doce sonolência e adormeci.

No dia seguinte, quando acordei, o sol já ia alto. Sentia-me completamente bem. Meu corpo estava leve e o cérebro mais lúcido.

– Benditas ervas tibetanas! – murmurei contente e saltei da cama, alegre como um pássaro.

Mahima entrou no quarto e sorriu:

– Já sei que está curada!

– Realmente, estou muito bem. Acho que nem preciso voltar a consultar o médico-lama.

– E melhor voltarmos, não seja ingrata!

– Como será o tratamento que ele quer me aplicar?

– São leves picadas, com agulhas de ouro e prata, em certos centros vitais que eles chamam de meridianos – retrucou Mahima.

– Como? – indaguei com medo.

– Calma! O tratamento é indolor, porque antes de colocar a agulha o lama anestesia o local com o suco de plantas especiais.

Mais tarde, Kazi explicou algo sobre o segredo das agulhas de ouro e de prata.

– A acupuntura é um método terapêutico muito antigo. Reequilibra nosso organismo de um modo rápido e eficaz. Além do ar, luz e comida nosso corpo absorve vibrações mais altas do Cosmos, especialmente a energia eletromagnética ***Ki***, captada através de vários pontos de pressão. Esses pontos, localizados profundamente na pele, têm estrutura em espiral e determinam os canais ou meridianos que transmitem essa energia eletromagnética através do corpo. Nos organismos saudáveis existe uma livre e desimpedida circulação de ***Ki***, força magnética vital, de órgão para órgão, através dos meridianos. A existência desses meridianos e sua relação com os pontos de pressão são conhecidos pela medicina oriental há milhares de anos.

Conhecendo os pontos certos, onde se possa provocar uma assimilação ou troca de energia, conseguiremos rapidamente restabelecer o fluxo energético ou a saúde, quando algum órgão não estiver normal.

Eu ouvia interessada aquela curiosa explicação. Após uma breve pausa, Kazi prosseguiu:

– Quando um órgão funciona mal, os pontos ao longo de seu meridiano correspondente ficam doloridos e enrijecidos antes mesmo que o órgão se manifeste. A rede de meridianos, que se ramifica logo abaixo da pele, é, na verdade, parte integrante do mecanismo de controle e dos meios de defesa que regem o corpo. Os médicos orientais colocam nesses pontos as suas agulhas de ouro e de prata. Deixam-nas ficar espetadas na pele algum tempo, até que elas ficam moles e fáceis de ser retiradas. Isto é o sinal de que o órgão já está equilibrado. Usamos também, aqui no Tibete, um método de massagem terapêutica chamado *Tui-na*. É uma massagem leve, feita nos meridianos que estão doloridos. Do *Tui-na* originou-se o *Do in*, um método de automassagem excelente, muito usado no Japão. Tendo os mesmos princípios da acupuntura, costuma ser chamada *massagem-acupuntura*. Seu uso no Oriente perde-se na noite dos tempos.

Fiquei contente ao ouvir essas palavras e, quando parti para o Templo de Kum Bum, estava mais confiante. O médico-lama primeiro escutou os meus pulsos, tal como da vez anterior. Depois, abriu um estojo de seda, onde se alinhavam inúmeras agulhas longas e finas. Eram de ouro e de prata. E começou a espetar as agulhas em certos pontos do meu corpo. Primeiro uma na testa, bem entre os olhos. Para me acalmar, disse o lama. Em seguida, colocou duas agulhas de ouro nos dedos grandes dos meus pés. Outras no tornozelo, no meio da perna e na curva do joelho. No alto da cabeça também espetou uma agulha longa e fina, bem assim nos dedos das minhas mãos. Algumas doeram, mas foi uma dor perfeitamente suportável.

Por algum tempo, fiquei com as agulhas espetadas no corpo. Fui me sentindo leve, contente, como se estivesse flutuando num céu sem nuvens.

Fiquei sabendo que os metais brancos, como a prata, o aço e a platina, exercem uma ação sedativa nos pacientes. O ouro, ao contrário, tem uma ação estimulante.

O lama experimentava, para ver se as agulhas já estavam ficando moles. Algumas saíram com facilidade; outras permaneceram firmes.

– Esperemos – disse ele –, o órgão ainda está tenso.

Pouco a pouco, as agulhas foram saindo, sem nenhuma dificuldade. Ele as retirava delicadamente, sem me machucar. Senti-me repousada, bem disposta e feliz.

– Sua reação é muito boa – disse o lama –; a pequenina irmã já está curada. Tome um chá destas ervas e não sentirá mais nada.

Agradecemos ao médico-lama e aproveitamos para perguntar algo sobre as plantas curativas do Tibete.

Os médicos-lamas tibetanos consideram cada planta como uma estrela terrestre. Estão em vibração com os astros. Suas propriedades celestes estão em relação com as pétalas e as flores. As propriedades terrestres estão nas folhas e nos caules. Na medicina, as plantas podem ser empregadas verdes ou secas. A planta verde é melhor.

– Muitas pessoas no Ocidente – falei – gostam de se tratar com ervas. Poderia indicar algumas plantas medicinais e seu uso apropriado?

– A maioria das nossas ervas são desconhecidas no Ocidente – respondeu o médico-lama –, mas posso indicar-lhe algumas, com seus nomes latinos. Assim, temos:

> ***Liquidambar orientale*** (Estoraque líquido), usado externamente para curar úlceras e feridas.
> ***Nerium oleander*** (Loureiro-rosa), cujas cascas em cozimento são um ótimo tônico cardíaco.
> ***Michelia tsjampaca*** (Magnólia-champaca). As folhas, em forma de chá, curam a leucorréia, inflamações e

dores ovarianas.

Crocus sativus (Açafrão). Os estigmas, em forma de chá, curam gases intestinais, doenças das vias urinárias e perturbações digestivas.

Cucumis anguria (Maxixe). Usa-se o fruto cozido para debelar crises hemorroidárias.

Todas essas plantas podem ser encontradas, com facilidade, no Ocidente. Temos, ainda, o ***Zingiber chysanthum*** (gengibre-dourado), cuja raiz cozida é boa para curar indigestões, inapetência, cólicas intestinais e hepáticas. Usá-la em forma de chá após as refeições. Também o chá das folhas do *Amygdalus persica* (pessegueiro), é muito bom para curar hemorragias comuns na menopausa. E, como reconstituinte geral, temos a raiz de *ginseng* da Coréia, considerado na antiga China como a Planta da Imortalidade. Foi usada por muitos imperadores chineses como tônico afrodisíaco. O *ginseng* tonifica não só os órgãos sexuais como o organismo em geral. O histórico do *ginseng* é muito curioso. Diz a lenda que, durante três noites seguidas, os habitantes de um vilarejo coreano ouviram lamentos que ecoavam nas montanhas profundas. Por fim, curiosos, sem saber a origem dessa voz suplicante, os camponeses se embrenharam na floresta e descobriram que ela provinha de uma árvore enorme, escavada, que exibia uma maravilhosa raiz de forma meio humana, com braços e pernas perfeitamente delineados. Estupefatos, todos foram unânimes em afirmar que a planta era uma manifestação de TU CHING, o espírito da Terra, desejoso de fazer conhecer seus poderes aos homens. Desde então a raiz foi chamada de *ginseng*, ou seja, a *Planta-Homem*, cujo nome seria verificado mais tarde, derivado de sua extraordinária faculdade de curar as mais diversas enfermidades humanas. Assim a lenda coreana explica a origem do *ginseng*.

Desde sua descoberta, o *ginseng* tornou-se parte da cultura oriental, bem conhecido pelos médicos autores dos mais antigos documentos medicinais datados de mais de 3.000 anos, onde a erva mais citada era o ***ginseng*** ou ***Jen-Shen*** (Planta Sagrada), como foi denominada na China. Ainda hoje, na Coréia, o dono de uma raiz de ***ginseng*** é considerado ***Ser Especial*** e tratado com muita estima e respeito.

Introduzido no Ocidente por Marco Polo, em 1294, o ***ginseng*** entusiasmou modernamente os cientistas norte-americanos e europeus, que reconheceram suas faculdades curativas e rejuvenescedoras. Atualmente, a planta trazida por Marco Polo está merecendo não apenas o crédito, mas o interesse apaixonado de cientistas do mundo inteiro, por ser única no mundo por sua gama de aplicações curativas.

A análise do ***ginseng*** indica a presença de ácidos graxo, resinas, enzimas e vitaminas, principalmente do grupo B. Como a erva contém grande quantidade de hormônios naturais e sais minerais como potássio, cálcio, sódio, silício e manganês, é considerada pelos tibetanos e chineses como a Planta da Imortalidade, e atualmente é a planta mais cara e conhecida do mundo.

Agradecemos aquelas informações medicinais e, ao nos despedirmos, o médico-lama informou que, dali a dois dias, o Templo das Mil Imagens festejaria o nascimento de Sidarta Gautama, o Buda, e convidou-nos para assistir à festa.

Ficamos contentes com mais aquela oportunidade de observar os costumes tibetanos.

❄ ❄ ❄

– Soube o endereço de um adivinho, que possui um misterioso livro mágico. Vamos visitá-lo hoje?

Essa sugestão vinha do dr. Vessantara, e foi logo aprovada por todos.

Era uma manhã escura, fria e ventosa, mas saímos

assim mesmo, curiosos e alegres. Depois de muito andar por um vale deserto, cercado de serras abruptas, chegamos à ermida do adivinho. Era toda de pedra branca, pequena e acolhedora.

O adivinho estava sentado sobre uma esteira de bambu, atendido por dois discípulos.

Era um velho muito formoso. Usava uma tanga de algodão branco e um manto, também de algodão branco, caía-lhe folgadamente pelas costas. A cabeça era rapada, nariz aquilino, encimado por olhos castanhos e acerados como os de uma serpente. Seu rosto tinha uma curiosa expressão de sabedoria e autodomínio.

O lama Kazi explicou-lhe o motivo da nossa visita. Ele sorriu e mandou que sentássemos no chão, perto dele. Um dos discípulos trouxe-lhe um livro envolto numa echarpe de seda amarela. Era o famoso livro mágico sobre o qual Vessantara ouvira falar.

O livro, retirada a echarpe, tinha um outro envoltório de linho branco. Parecia um manuscrito simples como muitos dos que já tínhamos visto no Tibete. As folhas eram de pergaminho e nelas viam-se gravados estranhos caracteres. Parecia um livro velho, amarelado, com as letras douradas meio apagadas pelos anos e o constante manuseio. O ancião colocou o livro no colo do dr. Vessantara. Disse-lhe que pegasse o cordão de seda vermelha do registro e o passasse ao acaso entre duas folhas, abrindo-as logo naquele lugar. Ele assim o fez. Então, o adivinho começou a ler o que estava marcado. E falou:

– Quando meu honorável hóspede nasceu, a Lua estava em conjunção com Mercúrio no signo do Búfalo, mas o Sol do seu nascimento estava colocado no ano do Cavalo.

E seguiram-se detalhes sobre a infância e a mocidade de Vessantara. Seus estudos médicos num país distante da sua terra natal, seu casamento com Mahima e muitas outras previsões que resultaram ser certas. Comigo, com Mahima e com Pierre as adivinhações também foram corretas.

E por longo tempo o adivinho falou sobre nossos destinos. Revelou nomes de parentes e amigos que estavam no Brasil; previu diversos fatos interessantes para todos nós e terminou dizendo:

– Esquece os erros do passado! O remorso é uma forma de presunção. Por mais longe que possamos buscar na noite das idades, é impossível descobrir a origem de um sofrimento que não tenha causa. Esquece-te do EU e sê um instrumento que semeia a paz, a sabedoria e o amor...

Fiquei perplexa com essas palavras que nos foram traduzidas por Kazi. Afinal, o adivinho calou-se. Fechou os olhos e pareceu alheio a tudo. Empalideceu de repente e seu corpo ficou rígido; dr. Vessantara quis tocar nele, mas logo um dos discípulos falou:

– Não o toque, senhor! O venerável mestre está agora em transe profundo. Se o interrompermos podemos causar-lhe algum mal. Convém que se retirem. A consulta terminou!

Levantamo-nos e saímos. Pierre quis deixar algum dinheiro, mas os discípulos recusaram:

– Por favor, dê esse dinheiro aos pobres!

E assim deixamos o misterioso adivinho tibetano entregue às suas meditações, voltando à cidade surpresos e encantados com seus poderes adivinhatórios.

No dia seguinte nos preparamos para assistir à festa do nascimento de Buda, no Templo de Kum Bum. Entardecia, quando chegamos. Um serviço religioso já começara no pátio, em frente ao pavilhão central. O ar estava pesado de incenso. Sinos batiam alegremente. Soaram, também, as longas trombetas tibetanas. Uma compacta multidão reunia-se ali. No chão, vimos traçados os indispensáveis círculos mágicos, desenhados caprichosamente com pós coloridos. A música religiosa prosseguia, lenta e monótona. Seguiu-se um rito no qual o abade de Kum Bum queimou um boneco de cera com figura humana. Consta que nesse boneco os lamas concentram os pecados da humanidade e, queimando-o, limpam a aura de todos. Um tambor começou a soar ritmicamente. Trouxeram uma estátua de bronze representando um deus lamaísta de quatro cabeças e oito braços.

– Por que tantas cabeças e tantos braços? – perguntei ao lama Kazi. E ele respondeu:

– Essas quatro caras olham para os quatro pontos cardeais, porém todas pertencem a um só corpo. Como acreditamos que ele é onipresente, seus quatro rostos estão voltados para as quatro direções. Seus oito braços revelam sua onipotência e seu corpo nos expressa que é Uno, embora se encontre em todos os lugares, sem que nada possa escapar a seus olhos, que tudo vêem, nem às suas mãos justiceiras.

Nosso diálogo foi interrompido por um grupo de lamas que começara a dançar em volta da estátua do deus. Eram cerca de 200. A dança era ligeira e fascinante. Eles saltavam e gritavam, ao som dos tambores e das trombetas. De repente, cessaram a dança. O grupo se desfez. No centro do pátio ficaram apenas sete lamas. Eram altos e imponentes nas suas longas túnicas cor-de-laranja. Um toque mais cadenciado dos tambores advertiu que íamos assistir a um rito importante. Observamos em silêncio os lamas dançarem com movimentos lentos e harmoniosos.

Ficaram assim alguns minutos. De repente, deu-se um curioso fenômeno. Vimos formar-se perto dos lamas uma nuvem cinzenta. A nuvem foi se condensando aos poucos, até formar a figura austera de um velho esguio e ereto. Seguiram-se palmas dos assistentes, as quais pareciam aclamar a figura materializada. Ouvimos, então, a saudação unânime:

"*Aum*! *Aum*!"

Era o som sagrado, pronunciado de um modo especial. Corresponde aos deuses e ao triângulo superior da Yoga. Consta que desperta as forças invisíveis do Cosmos.

Seis materializações sucederam-se à primeira em curto espaço de tempo. Vessantara filmou o grande espetáculo. Estávamos confusos. Estaríamos mesmo vendo a materialização de espíritos, ou sendo vítimas de uma alucinação coletiva?

Algum tempo depois constatamos a veracidade do fato. O filme reproduziu exatamente o fenômeno das materializações. Soubemos que esses estranhos seres fluídicos, formados pelo ectoplasma dos presentes, não eram espíritos de gente morta, mas, sim, seres encantados da natureza, os elementais que vivem nos quatro elementos: terra, água, fogo e ar. São chamados ***Yidans*** pelos tibetanos, que os consideram uma espécie de divindades tutelares.

Os tambores tocaram com mais força, à medida que iam se materializando os ***Yidans.*** Vimos gigantes, gnomos, lindas mulheres pequeninas de asinhas transparentes, delicadas colunetas de fogo, de onde saíam salamandras, duendes e ondinas.

Nossa emoção era tanta que mal podíamos respirar. O filme de Vessantara provou-nos que não tínhamos sido hipnotizados. Sem dúvida, nada é mais fantástico do que a própria realidade...

A cerimônia terminou quando os lamas trouxeram a estátua de Sidarta Gautama, ainda menino. Estava sob um andor florido e foi colocado no meio do pátio, junto a uma bacia de bronze, suspensa num pedestal, onde havia chá doce. Com uma colher de cabo comprido, também de bronze, os lamas banharam a cabeça da estátua, murmurando enigmáticas orações.

– Por que fazem isso? – indagamos.

– Diz a lenda – respondeu Kazi – que, banhando a cabeça do Buda menino com chá doce nossa vida também fica doce..

A estátua era formosa e delicada. Tinha as 32 marcas sagradas que distinguem os Budas. Entre essas destacam-se as longas orelhas, que escutam sempre as músicas celestiais, a flor de lótus na palma das mãos e a cruz suástica, o antigo símbolo budista, na planta dos pés. Dizem que todo Dalai-lama também nasce com essas marcas nas mãos e nos pés.

Formou-se uma fila e cada pessoa inclinava-se diante da estátua, e depois, pegando na colher de cabo comprido, enchia-a de chá doce e com ele banhava a cabeça do Buda menino, fazendo seus pedidos.

Eram duas horas da madrugada quando terminou a festa. Saímos do templo ao som de um grande búzio, que um menino soprava lentamente. Algumas mancheias de cevada, lançadas com um gracioso sorriso e acompanhadas pelo canto litúrgico de ***tashi shog***! (que haja prosperidade) ressoavam nos nossos ouvidos com um som doce e nostálgico.

A morte de um lama do Chapéu Amarelo

– Seguimos, hoje, para Tashilhumpo. Sua bagagem já está pronta? – indagou o lama Kazi.

– Falta apenas fechar as malas – respondi.

Nisso, um forte dobrar de sinos me assustou. Um oboé iniciou uma melodia melancólica.

– Que será isto? – indaguei surpresa.

Aproximamo-nos da janela e olhamos a rua. Havia um certo burburinho entre o povo.

– Alguém morreu! – falou Kazi. – Vou sair e saber quem foi.

Momentos depois, voltou, dizendo:

– O lama Sithar morreu de repente!

– Quem é ele?

– Um dos Budas Vivos de Gyangtse.

– Que pena! – exclamei num impulso.

– Não lamente, pequenina irmã. Sabemos que a morte é pura ilusão. A vida continua em outros planos, pois a alma é imortal...

– Sim, é verdade – concordei, envergonhada por ter esquecido. – Nunca devemos lamentar os que partem para além da vida.

Os lamas reunidos no pátio do templo.

– E além do sofrimento – completou Kazi.

– Gostaria de assistir ao enterro desse lama.

– Aqui, no Tibete – disse Kazi – não enterramos ninguém tal como é costume no Ocidente. Como temos muita madeira, queimamos os cadáveres. Somente nas regiões do Centro e do Norte, onde o único combustível é o esterco do gado, é que o povo abandona os mortos aos corvos, em lugares destinados a isso. Quanto aos grandes lamas, em geral são embalsamados por um processo duplo: sal grosso e cozimento em manteiga de iaque. Essas múmias chamam-se *mardong*. Geralmente são encerradas numa grande caixa de prata, ornada de pedras preciosas e guardadas nas cavernas dos templos, ou em algum lugar seguro. As faces são pintadas de dourado e o corpo envolto em togas de gala. Nessas caixas há um visor de cristal, colocado na altura da cabeça do morto. E, assim, em alguns dias especiais, o povo pode ver essas múmias sagradas.

Soubemos, então, que geralmente, quando o moribundo solta o último suspiro, os parentes vestem-no com roupas ao contrário, isto é, a parte da frente do traje, vestida para trás; logo amarram o corpo na posição do Buda, com as pernas cruzadas, ou então com os joelhos dobrados, tocando o peito. Depois, colocam o corpo num grande caldeirão. Mais tarde retiram o corpo. E aquele mesmo caldeirão é lavado sem grandes cuidados e nele preparam chá ou uma sopa que é distribuída aos que assistem ao funeral... Soubemos ainda que o enterro de uma pessoa comum demora muitos dias. Cerca de sete ou oito. Enquanto isso, os lamas são chamados para rezar e aconselhar o morto a que não se sinta aturdido no outro mundo... Nessa ocasião são lidos trechos de um livro tibetano, intitulado ***Guia do Espírito no Além:***

> ...escute-me. Você está morto, esteja certo disso! Não tem mais nada a fazer aqui. Alimente-se bem pela última vez. Você tem uma longa estrada a percorrer e diversas montanhas para cruzar. Adquira força e não

volte aqui nunca mais.

As famílias tibetanas que têm meios para pagar os lamas oficiantes repetem diariamente os ritos fúnebres, durante seis semanas. Depois disso, é feita uma imagem de papel com uma leve moldura de varas, onde são penduradas as roupas e pertences do morto. Algumas vezes o retrato do morto é ali pregado. Com muita freqüência, usam uma folha de papel já pronta, fornecida por um mosteiro. Essas folhas de papel são de dois modelos: uma com a pintura de um homem e a outra a de uma mulher. O nome do morto é escrito sob a figura desenhada ou pintada.

Finalmente o lama oficiante queima a folha de papel com a efígie da pessoa morta. As roupas que vestiram a efígie são dadas ao lama, como parte dos honorários.

Depois dessa incineração simbólica, os laços que ainda ligavam o morto a este mundo são considerados desfeitos.

Quando os parentes começam a sonhar muito com o morto, pensam que ele está sofrendo e precisa de auxílio. Recorrem, então, aos lamas adivinhos. Outras preferem as práticas mediúnicas da antiga religião do país, a seita dos *Bon pas.*

Assim, consultam um médium *pawo* que empresta seu corpo ao morto e fala por ele. As sessões mediúnicas no Tibete são muito diferentes das que se fazem no Ocidente. Geralmente, são feitas durante o dia e ao ar livre. Começam cantando uma espécie de "ponto" acompanhado por um tambor e uma sineta. Depois, o médium começa a dançar lentamente. Em seguida, com passo mais rápido, ele começa a girar depressa, a tremer convulsivamente. Isso revela que o espírito já tomou conta do corpo. Então, fica frenético e canta com voz entrecortada. Diz, então, o que o espírito deseja. É muito difícil compreender as palavras dos *pawos*. Para interpretá-las, são escolhidos os homens mais inteligentes do lugar.

Durante a sessão acontece que diferentes espíritos se apoderam, sucessivamente, do médium. As vezes o *pawo,* impelido por algum espírito, atira-se sobre um dos presentes e o cobre de pancadas.

Ninguém oferece resistência a essa surra inesperada. O povo ignorante imagina que ela concorre para livrá-los de futuros males.

Nos rituais *Bon pas* os espíritos pedem o sacrifício de um porco ou de uma vaca, para serem libertados no astral inferior. A família faz tudo o que ele pede. E quando termina a cerimônia fica aliviada, crendo que ajudou muito ao parente desencarnado.

Quando se confia a um lama o cuidado de libertar o espírito, não há nenhum sacrifício, pois o budismo lamaísta proíbe o sacrifício de animais. Os lamas limitam-se a rezar e a queimar sua efígie pintada no papel, conforme descrevemos mais acima.

Ritos de um enterro no País das Neves

Durante todo o dia ouvimos os cânticos lúgubres, pois toda a cidade de Gyangtse chorava a morte de seu Buda Vivo. No dia seguinte, na terceira hora da tarde, fomos ao mosteiro onde vivera o lama. Um rito secreto ia ser cumprido. Vários lamas de outros mosteiros visitavam o morto. No parque do mosteiro da Luz Divina estava o corpo do defunto lama, já cuidadosamente cozido em sal grosso e tanga de algodão amarelo, e o corpo estava amarrado com as pernas cruzadas, na postura de Buda. Em volta do defunto, vários lamas recitavam suas preces. Seu rosto estava calmo e sereno. Parecia estar dormindo.

Antes de morrer, o lama Sithar tinha indicado o corpo onde sua alma iria habitar. Tratava-se de um menino de oito anos, filho de uma família pobre de Gyangtse. A criança já estava ali, devidamente lavada e cuidada pelos lamas. Seu rosto miúdo, de olhos amendoados, refletia medo.

Os gongos começaram a soar forte, acompanhados

por sinos e tambores. O menino teve uma espécie de estremecimento. Os lamas trouxeram-no para junto do cadáver. De um braseiro de prata subia a fumaça do sândalo e do incenso.

Uma procissão de lamas avançou lentamente em direção ao esquife. Cuidadosamente, eles desamarraram os braços do morto. Em seguida, colocaram o menino sentado sobre os joelhos do falecido, e tornaram a amarrar os braços. Um véu de gaze branca cobriu os dois. Bruscamente, cessaram os tambores, sinos e gongos.

A voz grave de um lama pronuncia palavras ritualísticas. Em seguida, cuidadosamente, desamarram novamente os braços do morto. Súbito, um grito agudo fere o ar. Os lamas correm para junto do morto. Então, o menino fica em pé, sobre os joelhos do morto, e começa a falar com voz de homem. Numa atitude de absoluta autoridade ele diz:

– Sou eu, o lama Sithar! Desci de onde estive repousando e vim habitar novamente entre vós. Meus amados discípulos, neste novo corpo continuarei minha missão na Terra até terminá-la.

A expressão infantil do rosto do menino tinha desaparecido. Em lugar dele, vimos uma energia espiritual em seu rosto e uma profunda sabedoria saindo de sua boca, numa voz de homem.

Os lamas colocaram diante dele várias taças de chá, misturando-as intencionalmente com os objetos que tinham pertencido ao lama Sithar. Vimos que o menino, ao ser solicitado pelo abade, escolheu rapidamente os objetos sagrados, dizendo:

– Esta é a minha taça! Este é o meu chapéu e aquele é o meu punhal mágico!

Todos se inclinaram satisfeitos e homenagearam o novo Buda Vivo. O menino abençoou a todos e disse:

– Possuir a sabedoria que descobre em tudo os elementos de que as coisas são compostas, assim é o infinito... Possuir a sabedoria que dissipa a ilusão da realidade durável das formas e da personalidade é indispensável para que sejam eficazes à compaixão. Sei que em minhas vidas anteriores possuí muitos dons, mas não os usei totalmente. Essa sabedoria eu não posso ensiná-la. E eis o que resolvi fazer. Vou encerrar-me na minha cela durante três anos, três meses e três dias. Se, durante esse período, conquistar a sabedoria que desejo, voltarei para dá-la àqueles que estão preparados. Caso não consiga a minha meta, continuarei recluso por tempo indefinido. Voltei para obter esse conhecimento da sabedoria universal!

A agitação entre os presentes era extrema. Todos queriam venerar o mestre que voltara do além. Mas, de repente, o menino desmaiou. Os lamas correram e o deitaram sobre almofadões de seda. Pouco a pouco ele voltou a si e olhou com espanto para os que o rodeavam.

– Sente-se melhor, Precioso lama?

– Não sei quem sou... Parece que adormeci e tive um sonho...

– É preciso descansar, senhor! – falou o abade. – Acha que pode andar? Se isso o fadiga, poderemos levá-lo no colo.

– Estou bem... Um pouco fraco, mas posso andar.

E o menino levantou-se, e saiu acompanhado pelo abade. Antes de sair do parque, voltou-se e olhou o corpo do Buda Vivo. Em seguida retirou-se para o interior do mosteiro da Luz Divina.

Os sinos e os tambores recomeçaram a tocar. E todos pareciam alegres e contentes porque o seu Buda tinha voltado. O cadáver foi acomodado dentro do esquife de prata e carregado para uma sala subterrânea do mosteiro. Depois todos se retiraram sorrindo, felizes porque o seu Buda tinha voltado.

Achei tudo isso muito estranho e não entendi o seu significado oculto. Mas Kazi falou que essas transmigrações de almas são muito comuns no Tibete. Escolhem uma pessoa que tenha um carma curto, isto é, uma vida curta na Terra.

Um *tsispa*, ou astrólogo, levanta o horóscopo dessa pessoa e descobre coisas ocultas, inclusive o dia em que deve morrer. Então, na época certa, levam o escolhido para junto do Buda que vai ressuscitar e ele troca a sua alma com a alma da pessoa. Aquele que cedeu seu corpo recebe o mérito de viver entre os Puros de Espírito.

❄ ❄ ❄

Cumpre dizer que, nesta época de Expansão Cósmica que estamos vivendo, todos precisam cooperar para ajudar aqueles que já fizeram a passagem pela chamada morte. Há uma urgente precisão de preces conscientes, em favor de nossos parentes, amigos e inimigos que já partiram para o Além, e para aqueles que não têm ninguém por si. Não precisamos conhecer a quem estamos ajudando espiritualmente. Basta saber que em algum lugar, em qualquer país, uma alma fatigada é rapidamente aliviada da tristeza e obtém a Paz.

Esse importante serviço que podemos fazer agora, tanto pelas almas que partem como para os que estão por partir, ajudará sua transição para outros planos, onde serão guiados e amados pelos anjos encarregados desta missão.

O bem-amado mestre Serapis Bey – hierofante da Fraternidade de Luxor e chefe do 4° raio cósmico branco da Pureza, Artes, Ressurreição e Ascensão – ensina uma preciosa mensagem de auxílio que aqui transcrevemos. Lembre-se de que, fazendo esse apelo ou mantra diante de um moribundo ou de um cadáver, você está ajudando a cortar o cordão prateado que liga o corpo físico aos corpos invisíveis. Esse apelo deve ser feito em pé, em voz alta por causa do poder vibratório da palavra:

> Mantra de preparação para o passamento da alma.
>
> Bem-Amada Presença Divina EU SOU no coração da abençoada alma de ....
> Curvo-me diante da Presença do Divino Espírito

Santo Cósmico, o Santo Consolador, e sinto a irradiação da sua Paz, como um manto de Abrigo Espiritual que desce sobre essa alma e todos os que lhe são queridos.

Somente harmonia e felicidade deverão manifestar-se no decorrer desse período de transição. Que essa alma passe rapidamente do corpo físico para a total liberdade do Plano Cósmico.

Bem-Amado Espírito Santo, suplico que aceiteis o último alento da alma de .... e que agora, neste instante, seja cortado o Cordão Prateado que liga seu corpo físico a seus outros corpos invisíveis.

Em nome da Deusa da Misericórdia, do Bem-Amado Jesus e do Ascensionado Mestre Saint Germain, que, na personalidade de S. José – pai de Jesus –, tornou-se o Patrono do Feliz Passamento para outros mundos suplico a Lei do Perdão para todos os pecados cometidos por ....não só nesta última vida terrena, como em outras vidas desde o início dos Tempos.

Peço o perdão do Cristo Cósmico para que ele transforme, em Paz e Amor, todos os pecados que criaram grilhões e limitações para a alma de ....

Falo em nome do Bem-Amado Jesus Cristo para o elemental encarregado de sustentar a vida no corpo físico de .... e convido este elemental, agora, a cooperar com a Vontade Divina, conduzindo bondosamente esta alma, sem lutas, para os braços do arcanjo Miguel e de seus anjos.

O que pedi aqui, hoje, peço para todas as almas que deixam a Terra dentro deste período de 24 horas e, especialmente, por aquelas que não têm alguém para pedir a seu favor.

Assim seja!

EU SOU A RESSURREIÇÃO E A VIDA (três vezes), através de toda pessoa desencarnada, para que obtenha a perfeição que uma vez já conheceu no Coração do Pai, antes que o mundo fosse feito (três vezes).

Seja isso manifestado agora e sustentado pela Misericórdia do Espírito Santo Cósmico![2]

---

2 Por ocasião da morte repentina de minha única irmã, Eunice, nossa família fez esse apelo junto a seu túmulo, no cemitério do Morumbi, em São Paulo. Espero que, quando chegar a minha hora de morrer (antes de meu corpo ser cremado, como é meu desejo), alguém se

lembre de fazer esse apelo junto ao meu cadáver. Aquece nosso coração a esperança de que os leitores usem e divulguem essa prece o mais possível.

Sem dúvida, a Terra tem sofrido muito por causa da humanidade. Os corpos dos mortos em decomposição têm sido colocados dentro da Terra e os gnomos (seres invisíveis que vivem no elemento Terra) têm a desagradável tarefa de completar a dissolução dos corpos poluídos, os quais alcançam tal estado de putrefação que o próprio Santo-Ser-Crístico, bem como o elemental que rege as células do corpo, não mais pode usá-lo. Graças a Deus, no Ocidente, a cremação está, novamente, sendo reconhecida como um meio aceitável de dispor do corpo físico que foi usado no plano terreno.

Contudo, a cremação é ainda uma prática muito discutida. Segundo os orientais, a prática da cremação, e o ato de espalhar as cinzas num jardim ou nas águas de um rio, eleva a alma à sua nova condição espiritual, mais rapidamente que o sepultamento.

A única religião que faz restrições severas ao processo é a hebraica, que considera a prática uma profanação ao corpo do falecido.

A Cúria Metropolitana de São Paulo, entrevistada pelo jornal *O Globo* em 1975, declarou que a Igreja Católica não condena essa prática; considera apenas um processo mais rápido da decomposição da matéria.

Segundo os sociólogos, a cremação começou a ser adotada entre os séculos VII a.C. (pelos gregos) e VI a.C. (pelos hindus). Na Índia, onde o processo é aplicado, preferencialmente, segundo a tradição religiosa, a técnica teria sido usada, pela primeira vez, no século VI, sobre os restos do Bendito Senhor Krishna.

5

Milarepa, ermitão, feiticeiro e poeta – O segredo do Yeti, o homem das neves – Magia negra no Teto do Mundo – O mistério da Sucessão dos lamas – Notas sobre o governo Tibetano.

Milarepa, ermitão, feiticeiro e poeta

Nossa caravana serpenteia por um estreito caminho, ao lado de um abismo profundo. Logo depois encontramos um bando de iaques seguidos por um camponês. Grandes e pesados, com seus chifres grossos e arqueados, os iaques andam lentamente. Os longos pêlos cinzentos e sujos pendem dos seus flancos, formando um pesado manto que os protege do frio. Seguimos rumo a Tashilhumpo, em nossa rota para alcançar Lhassa, a capital do Tibete. Passamos por um lugarejo chamado Lapsche, onde há uma pequena *ritod* ou ermida de pedra branca, centro de veneração dos tibetanos. Consta que lá viveu o famoso santo tibetano Milarepa ou Milarespa, discípulo do guru Marpa que, por sua vez, foi discípulo do grande mestre Titopa.

Há séculos a sombra desses três ascetas paira sobre o Tibete. Os versos de Milarepa, também chamado Milarespa por usar a tanga de algodão *respa,* ainda hoje estão na boca do povo. Sua vida lendária é das mais interessantes. Milarepa foi uma das figuras mais extraordinárias do Tibete. Feiticeiro, ermitão, poeta, profeta, filósofo e criminoso, alma tumultuada, sempre angustiado entre o bem e o mal.

A vida de Milarepa nos é contada por seu discípulo Rechung, num livro que, após muitos séculos, não cessa de emocionar os tibetanos.[1]

Milarepa ou Milarespa nasceu numa família abastada, no ano de 1039. Com a morte de seu pai, a fortuna passou a ser administrada por um tio cujas trapaças deixaram a família sem nada e reduziram sua irmã e sua mãe à escravidão. Sua mãe, mulher vingativa, envia Milarepa a uma escola de magia negra, a fim de que pudesse vingar a afronta. Milarepa desenvolve grandes poderes, podendo desencadear tempestades e paralisar pessoas a distância. Nada disso, entretanto, lhe trazia felicidade. Pelo contrário, sentia profundamente que não era através da vingança que conseguiria a paz e a auto-realização. Encontra, então, o famoso guru Marpa, que o submete a um rígido treinamento. É obrigado a construir muros, casas, fazer os trabalhos mais rudes, para logo a seguir destruir tudo o que fizera e voltar, sempre e sempre, a fazer a mesma coisa. Conduzem-no às cavernas nas geladas montanhas, onde, em total solidão, aprende a conversar com as ***Dakinis,*** (fadas), com os seres demoníacos e os animais selvagens. Domina por completo ***o tumo,*** ou o calor psíquico, e a Yoga da Kundalini (fogo secreto que dorme na base de nossa coluna vertebral). E assim vive no meio do gelo, vestido com uma simples tanga de algodão. Seu nome – Milarespa – significa ***vestido com uma tanga de algodão.*** Afinal, ele atinge a Iluminação, e toda sua mensagem espiritual é dada em poemas de rara beleza. É o grande instrutor, ermitão, feiticeiro e poeta. Suas poesias estão reunidas no livro ***As Centenas de Milhares de Canções.*** Desse livro é o seguinte poema:

> Pátria, casa, campos paternos
> pertencem a um mundo sem realidade.
> Quem quiser que os venere...
> Eu, Mila, o ermitão vou em busca
> da grande libertação espiritual!

---

1 Esse livro foi traduzido para o inglês pelo lama Dawa Sampubs e o Prof. Ewans Wents, publicado pela Oxford Press.

Conta-se que, um dia, quando Mila saiu de sua gruta em busca de um lugar ainda mais solitário para meditar, o potiche de barro, onde ele cozinhava urtigas, caiu e partiu-se em mil pedaços. Então, Mila sorriu e compôs um poema:

> Há pouco eu tinha meu potiche de barro,
> agora já não o tenho...
> Consolo-me pensando na lei da impermanência
> das coisas e das criaturas.
> Por isso, continuarei meditando sozinho.
>
> O potiche de barro era meu único
> tesouro, quando se quebrou
> transformou-se num mestre para Mim.
> Esta lição da fatal impermanência
> das coisas, é uma grande maravilha!

Precisamente quando Mila cantava esse poema, dois caçadores chegaram ao seu retiro. Ficaram surpresos ao verem um ser humano naquele estado de inanição. E perguntaram?

– De onde és, ermitão?

E Mila respondeu:

– Aos vossos olhos pareço um ser imundo e miserável, mas saibam que ninguém na Terra é mais feliz do que eu!

E saiu cantando um outro poema:

> ...e o corcel que é a minha alma, voa como o vento...

E assim, de montanha em montanha, de gruta em gruta, Milarepa envelheceu feliz.

Sua morte foi muito curiosa. Dizem que um famoso lama, de nome Tsapuwa, ofereceu-lhe hospedagem durante uma de suas andanças. Mas, invejando os grandes poderes mágicos de Milarepa, mandou que sua concubina oferecesse ao ermitão uma comida envenenada. Mila abençoou-a, mesmo sabendo que ela era o instrumento do seu fim.

Antes de comer, ele disse mansamente:

– Honorável irmã, tentarei libertá-la do carma deste crime. Saiba que esta comida envenenada não me afetaria, se eu não tivesse terminado minha missão na Terra. Mas, tranqüilize-se, ninguém saberá que fui envenenado...

Então, Milarepa mandou um de seus discípulos em busca do povo de Tingri e Nayaban, que nele tinha fé. Durante vários dias, Mila pregou sua doutrina de Paz e Amor. E diz a tradição que, de repente, todos viram estranhos sinais no céu. Terminado o sermão, Milarepa abençoou a todos e falou: "Minha vida e minha influência em converter os outros, chegou ao seu fim. Agora, devo enfrentar as conseqüências de ter nascido."

E voltou para sua gruta na região de Chubar. Lá chegando, entrou em meditação profunda e morreu. Todos compreenderam que Milarepa tinha partido para o único mundo real, que tão completamente o absorvera.

Tudo isso veio-me à lembrança ao contemplar a pequena casa de pedra branca de Lapche, que dizem ter sido construída por ele, obedecendo às ordens de seu guru Marpa. Há uma outra casa também construída por Mila durante sua iniciação em Lhobrag, ao sul do Tibete.

Pela estrada caminhavam três camponeses cantarolando uma canção.

– Estão cantando os poemas de Miralepa! – exclamou Kazi.

No horizonte, quase ultrapassando as nuvens, além dos majestosos montes Guring, ecoava a canção dos camponeses.

O segredo do Yeti, o Homem das Neves

Olhando os montes Guring, o lama Kazi falou:

– Além daqueles montes é que dizem que habita o Yeti, o misterioso homem das neves.

– Mas... Isso não é uma lenda? – indaguei.

– Talvez... Mas dizem nossas tradições que o Yeti é uma reminiscência do gigantesco homem das cavernas, na Idade da Pedra. Consta que são seres que só podem viver em lugares gelados, desertos e inóspitos. As vezes, os Yetis deixam esses lugares e são vistos rondando algumas aldeias, tentando raptar mulheres. E quiçá por isso, ainda continua existindo a raça desse abominável homem das neves.

Pierre Julien escutava atentamente. Como arqueólogo, tinha pesquisado a existência do Yeti e estava muito interessado sobre o assunto.

– O estudo científico do homem, na história da civilização – disse ele –, calcula em cerca de 500 mil anos nosso aparecimento sobre a Terra. Entretanto, verifica-se um fato natural, até hoje sem uma explicação satisfatória: o salto brusco e enigmático que há na teoria da evolução de Darwin, verdadeira lacuna entre o macaco superior e o homem inferior. Se realmente existe, o Yeti deve ser o misterioso elo entre o homem e o macaco...

– Sim!... É possível! – exclamou o dr. Vessantara.

O lama Kazi, encarando Pierre, retrucou:

– Aqui no Tibete, acreditamos que existe, na Criação, entre o homem e o macaco, um ser desconhecido. Ele não encarna nem reencarna na Terra, mas sim em outros planos do infinito. Esse ser é, ao mesmo tempo, o primeiro homem e o último macaco, ou melhor, o macaco que deixou de ser símio para vestir a roupa biopsíquica do homem, alterando sua anatomia, sua evolução e seu psiquismo. Dizem nossos livros santos que o Yeti é um parente próximo do homem, mas sua evolução se processa fora da Terra, talvez no mundo subterrâneo de Shambala. E isso a humanidade atual ainda não pode compreender.

O diálogo foi interrompido porque, em seguida, avistamos a cidade de Tashilhumpo.

Estava situada numa planície seca, rodeada de colinas. Ao longe, pouco depois de Tashilhumpo, vimos também a cidade de Gobshi, às margens do grande rio Ralung.

Prosseguimos lentamente, até que chegamos a Tashilhumpo, que fica a uns 4.785 metros de altitude. No céu destacava-se o perfil da enorme montanha de Nojin Kang Sang, que, segundo Kazi, tem 7.920 metros. Essa montanha é cheia de lendas fabulosas e a tradução de seu nome é: Nobre Geleira do Gênio.

Kazi não gostou quando soube que íamos ficar em Tashilhumpo. Disse que era a região dos feitiços e ali moravam feiticeiros famosos por seu poder diabólico. A regra principal desses bruxos é ter ódio de tudo e de todos os que não pertencem à sua seita. São homens e mulheres de instintos baixos, treinados para dominar magicamente os demônios. Com seus poderes infernais provocam muitos fenômenos. Nossa intenção era ficar pouco tempo em Tashilhumpo; apenas o necessário para renovar nossas provisões, ferrar os cavalos e tomar um banho.

Pelo caminho, fomos passando por algumas pessoas,

que nos olharam estranhamente. Vimos algumas mulheres do campo, com seus aventais listrados e suas longas saias franzidas cor de vinho. Tiravam água de um poço. Paramos para fotografá-las e uma delas deu a Mahima uma florzinha silvestre chamada ***fada-das-delícias***. Era amarelinha e parecia uma margarida.

Observamos que as casas, na maioria, eram de pedra, pintadas de branco. Lembravam velhas construções dos tempos mongólicos de Ghengis-Khan. O povo era magro, parecia triste e mal nutrido. Vimos, pelas ruas, muitos cães vadios, sujos e cheios de feridas. Paramos num albergue, onde, a custo, conseguimos um lugar para repousar. Enquanto prosseguiam os preparativos para continuarmos viagem, Vessantara, Mahima e eu fomos dar uma volta pela cidade.

Magia Negra no Teto do Mundo

Saímos andando em meio ao povo e alcançamos a grande praça do mercado. Ali, o povo troca peles por alimentos; compra roupas tecidas com pêlo de iaque, amuletos, orações escritas em papel de arroz, elixires-da-longa-vida. Vimos garras de tigre encastoadas em prata, rosários de sementes de ***roudrach*** – uma árvore sagrada da Índia –, ídolos talhados em madeira e pedra. Vendo uma coisa e outra, fomos nos afastando do centro. Distraídos, entramos por um caminho estreito, que conduzia a um vale com vegetação exótica. Apaixonado por botânica, o dr. Vessantara começou a examinar detidamente as plantas, explicando a que família pertenciam e para que serviam.

Ficamos tão distraídos examinando as plantas que nem vimos a tarde desaparecer aos poucos. E, de repente, já era noite. Uma chuva fina começou a cair. O ar pareceu encher-se de uivos de lobos. A impressão era de que as trevas vinham não do alto, mas da própria terra.

Retrocedemos sobre nossos passos, mas não conseguimos encontrar o caminho de volta. Não tínhamos nem uma lanterna de bolso, nada que nos iluminasse o estreito caminho. Caminhamos vagarosamente, sem saber por onde, lutando contra um vento forte que começou a soprar de repente. Depois de vaguear algum tempo, vimos por entre a neblina uma gruta rochosa. Corremos para a gruta e nos abrigamos num canto.

"E se aquela gruta fosse o antro de um tigre ou de outra fera?" – indaguei a mim mesma, tremendo de medo. Percebendo meu nervosismo, o dr. Vessantara pronunciou um mantra num tom bizarro. Logo senti-me melhor.

Então, Vessantara e Mahima começaram a conversar sobre nossa próxima chegada a Lhassa. Nossos planos para conhecer o Dalai-lama, visitar o maravilhoso Palácio Potala. E aquela conversa foi me acalmando. O tempo passou em revoada, sem que o percebêssemos. Descansamos um pouco, recostados nas paredes da gruta. Quando saímos de lá, a madrugada já ia alta. O ar estava pesado e molhado de névoa, como os olhos depois do pranto. Uma rajada de vento rompeu a cerracão noturna. Seguimos andando pela mata. Era um caminho sinuoso, salpicado de velhas árvores, que findava numa encruzilhada da mata. Vimos um casarão cinzento, meio iluminado. Começamos a ouvir o som cadenciado de um tambor. Vinha lá de dentro. Paramos para escutar. Velas pretas, presas aos mourões, ardiam com um odor acre. Um rumor de vozes masculinas parecia anunciar algum rito estranho. Levados pela curiosidade, rodeamos a casa, cautelosamente. Eu estava com medo, mas queria ver o que se passava lá dentro. Escondemo-nos atrás de uma moita e olhamos através da grande janela aberta.

Vimos uma sala ampla e sombria. A um canto, um grupo de mulheres, sentadas no chão com as pernas cruzadas. No meio, um grupo de homens mal-encarados parecia esperar um sinal de alguém. Sobre um altar vimos uma estátua de bronze representando uma espécie de bode. Era uma estátua singular. A metade da efígie era humana, da cintura até o pescoço. Mas a cabeça e os pés eram de um bode, com grandes chifres recurvos pintados de preto. Junto da estátua estavam cinco velhos imundos e decrépitos. Sobre a pele escura e luzidia, usavam apenas um avental parecendo feito de ossos humanos, o que faz parte da feitiçaria tibetana. Na cabeça um gorro pontudo, feito de pele preta. Suas mãos curtas e grossas batiam, ritmicamente, em tamborins ornados de guizos. Abriu-se uma porta ao fundo e entrou um ruidoso grupo de homens e mulheres. Vestiam longas túnicas vermelhas. Fizeram uma roda e começaram a dançar freneticamente. Seus rostos estavam crispados, olhos arregalados e tinham a boca pintada de roxo. Na mão esquerda, agitavam grandes máscaras dos demônios Chi Kang. Em dado momento, colocaram as máscaras no rosto. Pareciam possessos, dominados por entes diabólicos. Por trás do altar surgiu uma mulher vestida com um manto negro. Era alta e esguia. Usava um estranho penteado, em forma de chifres. Ela entrou na dança. Um momento depois, seu rosto, moreno e formoso, transfigurou-se numa expressão de ódio. Rodearam-na sete homens. Eram altos e jovens e usavam apenas o avental feito de ossos. Na mão tinham uma corneta. Entraram no meio da roda e se ajoelharam, enquanto os outros cantavam.

Uma mulher entregou a um dos velhos uma cesta com velas vermelhas e pretas. Uma a uma, ele as foi acendendo e colocando sobre a cabeça dos rapazes que estavam ajoelhados. Com a ponta de um punhal, fez uma leve incisão no braço da mulher que usava o manto negro. Em seguida, fez outro corte mais fundo e o sangue jorrou. Foi recolhido numa pequena tigela. Mergulhando os dedos no sangue fresco e velho fez um gesto estranho no ar e gritou uma invocação.

Houve uma pausa no ritual. Em seguida os feiticeiros queimaram ervas num grande braseiro de bronze. A sala encheu-se de vapores espessos, projetando no ar imagens fantásticas e fugazes. Alguns feiticeiros torciam as mãos e os braços, agitados por espasmos convulsos.

Um homem abriu um pesado reposteiro vermelho e vimos sete bodes pretos amarrados num canto. Eles soltaram os bodes, que correram pela sala fazendo um barulho infernal. A mulher tirou o manto vermelho e apareceu nua. Tinha um belo corpo bronzeado. O velho aproximou-se e começou a untar-lhe o corpo com uma estranha pasta cinzenta. Soubemos, depois, que a pasta era feita de fuligem, gordura e excremento de bode...

Ficamos parados com nojo e horror. Os bruxos seguraram os animais pelos chifres e os colocaram no centro da sala. Em volta deles, um dos velhos derramou um pó cinzento, com aparência de pólvora, e ateou-lhe fogo. Um clarão ofuscante iluminou o ambiente. Ouvimos um estrondo que parecia vir do teto do casarão. Uma nuvem escura foi se condensando aos poucos. Lentamente, foi se materializando um ser monstruoso. Era um gigante peludo, com quatro cabeças e quatro braços. Pensamos estar vendo alucinações. A visão durou muito pouco. Logo, em passos lentos de dança, a mulher nua aproximou-se do tapete de pele de iaque. Deitou-se de quatro, com as pernas abertas.

Então... Seguiu-se uma cena orgíaca, a qual deixamos de descrever por ser de uma baixeza indescritível.

O repique entrecortado dos tambores preludiou um som ensurdecedor. Parecia que tinham ressuscitado os velhos demônios tibetanos. Um homem gordo, usando uma tanga vermelha, começou a dançar. Agitava um chocalho feito de uma caveira e ornado com enfeites de cobra.

De repente, os tambores se acalmaram. Duas mulheres, com o rosto convulsionado, cambalearam. Pareciam possuídas pelos demônios. As mais estranhas cenas começaram a acontecer. Punhais e velas voavam sozinhos pelo ar. Em volta da estátua do bode colocaram uma espécie de torta, redonda e chata como um pão árabe. Todos se entregaram a uma dança desenfreada, e o ritual pareceu terminar.

A custo, conseguimos nos libertar da força oculta que nos prendera naquele lugar. Sentimos um ardor estranho no rosto. Dentro em pouco, ficamos empolados, como se tivéssemos sido mordidos por mil abelhas. Não sabíamos a que atribuir tais sintomas. Saímos apressadamente daquele lugar diabólico e, algum tempo depois, chegamos ao mercado. De lá, fomos direto para o albergue, onde nossos companheiros nos esperavam apreensivos. Após ouvir o relato da nossa aventura, o lama Kazi falou:

– Os queridos irmãos estiveram perto da ermida do feiticeiro Tralung, que vive nessa região. Estão sentindo o efeito da magia que os bruxos praticaram.

– Mas, que devemos fazer? – perguntei ansiosa.

– Vou preparar um antídoto com o suco de umas ervas sagradas que vendem no mercado. Esperem-me aqui!

Pouco depois voltava, trazendo uma tigela de madeira onde socara umas ervas verdes e cheirosas.

– Esfreguem isto na pele, enquanto faço uma invocação aos guias espirituais!

Obedecemos. Assim que o suco das plantas começou a penetrar em nossa pele, o ardor e a vermelhidão foram desaparecendo completamente.

Contentes com o resultado, agradecemos a Kazi e apressamo-nos em sair da cidade.

Durante a jornada, Pierre Julien narrou uma curiosa experiência feita no mundo das bruxas, por um homem erudito, diretor do Instituto Alemão de Etnologia. A história é das mais curiosas e merece ser transcrita:

Alguns anos antes da II Grande Guerra, o professor Will-Erich Peucker – um dos maiores conhecedores das lendas européias – teve a surpresa de receber, entre sua numerosa correspondência, uma carta da revista americana *Life*. Pedia que ele repetisse suas experiências na presença de um de seus repórteres. O professor Peucker não contava com esse interesse dos americanos. Encontrara, num velho livro de bruxas da Idade Média, uma curiosa receita de feitiçaria. Teve a paciência de experimentá-la 60 vezes, com resultados surpreendentes. Com isso, esperava provar que nos antigos documentos de crendices há elementos valiosos sobre a época em questão.

Com as indicações encontradas no misterioso livro, o professor fabricou uma pomada cinzenta, que tinha como elementos básicos plantas venenosas, quase todas da família das Solanáceas, destacando-se o estramônio. Obteve, assim, uma autêntica "pomada das bruxas". Pediu a um advogado, seu amigo, que o acompanhasse na experiência. Fecharam-se no gabinete de trabalho do professor e usaram a pomada como mandava a receita, escrita no ano de 1568. Em obediência à receita, esfregaram a pomada na testa e nas axilas. Sentiram, no princípio, um leve cansaço. E este foi se aprofundando, até que caíram numa espécie de ebriedade. Finalmente, adormeceram profundamente. Decorridas vinte horas – a experiência começara num dia à tarde –, acordaram ao cair da noite, no dia seguinte. Sentiram dores de cabeça, boca seca e garganta a arder, num estado igual ao que se observa depois de uma forte embriaguez alcoólica.

Sem trocarem sequer uma palavra, o professor e seu amigo anotaram suas impressões físicas e psíquicas, seus sonhos e suas visões. A coincidência dos apontamentos é surpreendente. Ambos sentiram que tinham feito vôos fantásticos; encontrado entes fabulosos, com caretas em vez de fisionomias. Sentiram ainda que tinham participado de festas grotescas; caído em abismos; empreendido cavalgadas por uma região infernal. Para ambos, a aventura terminou com sonhos orgíacos, acompanhados de visões horrendas, de extraordinária plasticidade. A surpresa foi ainda maior quando se verificou que seus relatos correspondiam, no seu conjunto, e em vários pormenores, às confissões arrancadas às bruxas pelos algozes da Idade Média.

O professor Peucker concluiu, de sua experiência, que essas pretensas bruxas, ávidas de vivências, usaram a pomada como estupefaciente medieval. Contraíram, assim, o vício do seu uso e, mais tarde, confundiram os sonhos com a realidade ou foram forçadas, por suplício, a contar os seus sonhos. Não é de admirar que os homens da Idade Média acreditassem nesses relatos pormenorizados de cavalgadas com bruxas, orgias com diabos e o célebre ***sabat*** dos feiticeiros.

Segundo as pesquisas do professor Peucker, pomadas desse gênero já eram conhecidas no mar do Norte e no Báltico, há mais de 700 anos.

O professor alemão levou muito a sério suas análises científicas sobre as bruxas, bem como os testes que fez com a pomada misteriosa. Nos livros das bruxas da Idade Média encontrou receitas ainda hoje usadas por muitas donas-de-casa, como por exemplo: o chá de tília, para acalmar e produzir o sono; o chá de folha de pitanga, para abaixar a febre; a canela sassafrás e a abóbora-d'anta, contra dores ciáticas e nevrálgicas. O ilustre professor experimentou também certos conselhos mágicos, tais como, dar a um cão um pedaço de pão que esteve colocado debaixo da axila direita durante meia hora. Diz o professor que o cão transforma-se no mais fiel e dedicado amigo e jamais abandona seu dono...

Conseguiu, ainda, provar que a maioria das receitas mágicas das bruxas são receitas iguais às dos grandes médicos europeus dos tempos medievais. Afirma o professor alemão que pretende repetir suas experiências juntamente com um grupo de médicos, químicos e psiquiatras alemães, franceses e italianos. Depois, então, pretende publicar um ***Manual das Lendas***, uma obra em 10 volumes, provando o que outrora disse o sábio grego Platão: "Os mitos são veículos de grandes verdades, dignas de serem estudadas e meditadas".

Esse relato nos distraiu bastante durante a viagem e, quando demos conta, o pico branco da montanha de Lhajagonak já tinha desaparecido à nossa direita e estávamos chegando à aldeia de Dzara. Continuamos cavalgando às margens do rio Rulung. Vimos um vale, que se abriu de repente, dando para a planície de Tatang. Essa bonita planície terminava aos pés do lago Yamdrok, com suas águas azul-turquesa. Entre nós e as calmas águas azuis, estava a cidade de Nagartse, com seus lindos ***chortens*** (relicários) dourados, suas inúmeras bandeiras de preces tremulando ao vento. Passamos pelo centro de Nagartse e prosseguimos viajando rumo à cidade de Shigatse.

A manhã estava clara e fria. Mas, de repente, o céu começou a ficar cheio de nuvens escuras. E uma chuva grossa começou a cair. Encontramos uma cabana abandonada no meio da estrada e ali nos abrigamos. Os criados acenderam uma pequena fogueira para fazer chá, e o fogo também nos aqueceu. Passamos o resto do dia conversando na cabana, enquanto a chuva caía forte. Pouco a pouco, a noite silenciosa e triste desceu sobre nós.

O mistério da sucessão dos lamas

Após o jantar, conversamos sobre vários assuntos, até que comentamos sobre o mistério da sucessão dos Dalai-lamas. Soubemos, então, que o mecanismo que preside a sucessão dos pontífices tibetanos é único no mundo. O lama Kazi explicou que não se trata de uma sucessão hereditária nem eletiva. Cada vez o Dalai-lama nasce num outro corpo e é sempre a mesma alma que encarna em diferentes corpos.

O Dalai-lama tanto pode nascer no seio de famílias ricas como pobres. Não há privilégios. É uma espécie de democracia fundada sobre bases populares, e uma monarquia que repousa sobre bases metapsíquicas. O pai do quinto Dalai-lama era um humilde camponês da aldeia de Chung gye.

Foi a partir do século XVI que o mecanismo da sucessão dos lamas tomou forma definitiva. No Tibete, consta que, para a reencarnação de certas pessoas, é preciso um período de 49 dias. No caso de um Dalai, o período pode ser muito mais longo ou muito mais curto. Freqüentemente, a demora é de dois anos. Após a morte de cada Dalai, forma-se um conselho dos lamas mais importantes do Tibete. Estes consultam o oráculo oficial, cujas respostas são muito importantes. Esse médium-oráculo reside sempre no mosteiro de Nechung, que fica a uns seis quilômetros de Lhassa, a capital do Tibete. Quando o guia espiritual se manifesta através do *pawo*, ou médium-sacerdote, os lamas anotam as respostas e começam as buscas para encontrar o novo Dalai. O caso do 13° Dalai foi muito interessante.

Isso ocorreu no ano de 1880. Conta-se que, nesse ano, morreu o 13° Dalai. Como de costume, os lamas do Potala foram consultar o oráculo de Nechung, que revelou o nome do pai e da mãe da futura criança em cujo corpo a alma do antigo Dalai renasceria. Depois, o oráculo mandou que o grande lama Gyu fosse contemplar as águas do lago Cho kor gye, que são como um espelho encantado onde os lamas podem ver os acontecimentos futuros.

As águas desse lago são límpidas e de um azul muito claro, mas, quando alguém chega para consultá-las, uma leve brisa começa a soprar e, então, elas ficam brancas. No centro do lago forma-se um turbilhão, uma nuvem se condensa por cima e logo os consulentes percebem, dentro do lago, as imagens que mostram os acontecimentos futuros. Quando o grande lama Gyu olhou para as águas encantadas não viu nada. Algum tempo depois, viu uma casa junto a um pessegueiro florido. Naquela noite, em sonhos, o grande lama viu uma jovem mulher tendo nos braços uma criança de uns dois anos.

Passados dois anos, o grande lama encontrou a casa junto ao pessegueiro e reconheceu a mulher e a criança que vira em sonhos. O grande lama examinou a criança, detidamente, para ver se tinha os sinais característicos de todo lama-rei. Para ser um Dalai, a criança tem de apresentar protuberâncias carnais nas clavículas ou nas omoplatas, as orelhas devem ser mais longas que as normais – o que é uma marca da sabedoria –, a palma de suas mãos deve ter gravada uma pequena flor de lótus e na planta dos pés uma cruz suástica. E todos esses sinais estavam na criança. Mas ainda faltavam outras provas. No meio de diferentes objetos, a criança devia escolher os objetos pessoais que tinham pertencido ao último Dalai:

o treng wa ou rosário
o *nga chung* ou tambor litúrgico
a tribu ou sineta
o *dor je* ou queimador de incenso
uma taça de chá etc.

Só depois de reconhecer todos os objetos e após o oráculo de Nechung ter confirmado ser ela a reencarnação do último Dalai, é que a criança foi oficialmente declarada o novo lama-rei.

Soubemos, ainda, que a descoberta do 14° Dalai foi bem diferente. Em 1935, após 11 anos de buscas, o lama-regente visitou mais uma vez o lago Cho kor gye, na esperança de ter uma visão de onde encontrar o Dalai. E, nas águas do lago, o lama viu três sílabas: *A Ka Ma*. Em seguida, viu um mosteiro de três andares, encimado por uma cúpula dourada. Viu também um caminho que conduzia, a leste do mosteiro, a uma colina em forma de pagode chinês. Em frente à colina, viu uma cabana. Essa visão foi longamente discutida entre os teólogos mais competentes do Tibete. Chegaram à conclusão de que a nova encarnação do Dalai tinha nascido em Lhassa. Após confirmarem isso com o oráculo de Nechung, intensificaram as buscas. Foi então que aconteceu um milagre que os tibetanos lembram até hoje. Esperando que ficasse pronto seu mausoléu definitivo, a múmia do antigo Dalai tinha sido colocada numa das salas do Potala, sentada num trono. E, assim, milhares de pessoas que vinham a Lhassa podiam render homenagem àquele que durante 54 anos tinha sido a encarnação do deus Avalokitaesvara. Aconteceu várias vezes os guardas encontrarem, pela manhã, a múmia, que na sua posição normal olhava para o sul, voltada para o leste. A teoria de que o novo Dalai tinha nascido a leste de Lhassa, encontrou assim, mais crédito.

Não havia possibilidade de que alguém mudasse a posição do corpo, porque há uma maldição para quem ousa tocar na múmia de um Dalai, sem a permissão do oráculo de Nechung.

E assim, na primavera de 1937, o lama-regente encontrou o mosteiro de três andares, dedicado à memória do sábio Kamapa e a cabana a leste do mosteiro. Antes de entrar na cabana o lama-regente disfarçou-se de camponês. Assim que se apresentou à porta da cabana, viu um menino brincando, distraído. Ao vê-lo, o garoto correu ao seu encontro gritando:

– Lama! Lama!

A hipótese estava bem próxima da certeza. Foram feitas as provas de costume e o menino saiu-se muito bem. Estava descoberto o 14° Dalai-lama.

❄ ❄ ❄

No dia seguinte, deixamos a cabana perto do lago Yamdrok e prosseguimos viagem. A chuva tinha passado completamente e o céu estava claro e luminoso. Enveredamos pelo Passo de Karo-Lha e fomos subindo o vale bordado de penhascos. Algum tempo depois, à direita do vale, vimos uma grande caravana. É difícil descrever o esplendor dessas grandes caravanas orientais, lideradas por ricos mercadores tibetanos, que mais parecem senhores feudais. A paisagem natural formava uma bonita moldura para a caravana. Ao longe, os picos gelados da grande geleira

Nojin e, mais além, o pico de Kang Sang Nojin, recobertos de neve.

Os ricos mercadores, vestidos com longas túnicas de brocado colorido e cintilante, ornados de jóias, montados em soberbos cavalos, com suas espadas reluzindo ao sol, eram, sem dúvida, uma tentadora presa para os ladrões, que às vezes infestavam as estradas desertas do Tibete.

À medida que a caravana se aproximava, observamos várias senhoras, luxuosamente vestidas. Para protegerem a pele delicada do rosto, usavam bonitas máscaras de couro, primorosamente pintadas.

– Hoje é véspera de Ano-Novo – disse Kazi. – Certamente essa caravana vai a Shigatse, tomar parte nos festejos populares.

– Mas... Que dia é hoje? – indagou Pierre.

– Estamos na véspera do 15º dia do segundo mês, que aqui corresponde ao primeiro dia do ano.

– Ah!

E Kazi prosseguiu:

– Durante sete dias, sob o olhar complacente dos lamas, o povo canta e dança pelas ruas. Em cada casa, a família se reúne para uma festa solene. Os honoráveis irmãos terão uma bela oportunidade de assistir à entrada do ano novo no Tibete.

– Aqui usam o calendário lunar? – indaguei.

– Sim, nosso calendário é regulado pelos movimentos da Lua. Compreende 12 meses de 29 ou 30 dias. Ao final de um período de 30 meses, um novo mês é acrescido para coordenar a duração dos dias com o ciclo lunar. O ano novo tibetano tem início na primeira lua nova, posterior à entrada do Sol no signo do Galo, que corresponde aproximadamente ao signo de Aquário no Zodíaco ocidental. Geralmente, cai entre 21 de janeiro e 19 de fevereiro do calendário gregoriano, usado no Ocidente.

– Qual é a origem do calendário lunar? – indagou Pierre.

– Dizem uns que é oriundo da Índia; outros, da China. Mas o certo é que o calendário lunar foi introduzido no Tibete pela princesa chinesa Wen Chang, que no ano 642, antes de Cristo, casou-se com o nosso rei Srong-tsan Gampo. Segundo o calendário lunar, o período dos anos é dividido em ciclos de 12 a 60 anos. Cada ano é representado por um animal sagrado no Zodíaco oriental que são: Rato, Búfalo, Tigre, Lebre, Dragão, Serpente, Cavalo, Carneiro, Macaco, Galo, Cão e Porco. Aqui no Tibete os ***Da Wa*** ou meses não têm um nome como no Ocidente. São chamados apenas primeiro mês, segundo etc., e a palavra ***Da Wa*** precede a todos, tal como em ***Da Wa Tang Po*** ou primeiro mês. A semana é dividida em sete dias ou *za*, usando os nomes do Sol, Lua e outros planetas.

Dias		Planetas	Símbolos
Domingo	(*Nima*)	Sol	Sol
Segunda	(*Dawa*)	Lua	lua crescente
Terça	(*Migmar*)	Marte	olho vermelho
Quarta	(*Lag pa*)	Mercúrio	mão em gesto místico
Quinta	(*Purbu*)	Júpiter	um raio
Sexta	(*Pa san*)	Vênus	uma fita
Sábado	(*Pen ba*)	Saturno	molho de feno

Assim que Kazi acabou de falar, avistamos a cidade de Shigatse. Nossa atenção se voltou para aquele curioso aglomerado de casas brancas. Ao longe vimos as águas do famoso rio Tsan Po, que é para os tibetanos o que o Nilo representa para os egípcios. Esse rio nasce em Kashmir, no norte da Índia, atravessa o Tibete num curso de cerca de 1.550 quilômetros, passa através de uma floresta no nordeste de Assã, e reaparece na Índia como rio Bramaputra. Une-se então com as águas sagradas do rio Ganges.

Além do rio Tsang Po, inúmeros picos cobertos de neve marcam o início da inexplorada região de Chang Tang.

Estávamos em pleno Tibete. Muito longe da civilização ocidental, chegando cada vez mais perto de Lhassa, a cidade sagrada do Tibete, onde uma civilização diferente e real ainda vive...

❄ ❄ ❄

Quando entramos na cidade, o povo veio para as portas e janelas ver os estrangeiros. As ruas de Shigatse têm pavimentação de pedras e as casas são muito bonitas. Vimos salgueiros-chorões cercando as casas e os jardins. Prosperidade e alegria transpareciam no rosto do povo. Ficamos numa pequena hospedaria no centro da cidade.

A noite foi calma e repousante. De manhã, bem cedo, acordamos com os cânticos dos mendigos errantes, que vão esmolar de casa em casa. Observamos que, nas varandas e janelas das casas, estavam pendurados rolos de seda pintados com imagens de deuses lamaístas. Nota-se forte influência chinesa na pintura tibetana.

O povo, em romaria, dirige-se aos mosteiros da cidade, para oferecer seus presentes de *tsampa* ou cevada torrada e manteiga de iaque. Leva também as brancas echarpes da felicidade, para enfeitar as estátuas dos deuses. Orações são as únicas manifestações do Ano-Novo tibetano.

Ficamos em Shigatse apenas dois dias e logo nos pusemos a caminho da cidade de Chusul. Assim que deixamos Shigatse, atingimos um lugarejo chamado Partsi. De lá, seguimos as margens do rio Tsang Po.

Continuamos viagem. Passamos por um pequeno deserto de areia, que nos levou à praia de Chaksan. Era ali que tínhamos de parar e tomar uma barca, que nos conduziria através do rio.

Meia hora depois chegou a barca, cheia de carga e de homens alegres e fortes. Era grande e quadrada. Parecia uma enorme caixa de bombons. Seis pares de remos eram manejados por homens e mulheres, que cantavam alegremente. A barca atracou a uns 30 passos da praia. Alguns homens saltaram e foi desembarcado um grande carregamento de sal – um dos produtos mais importantes do comércio tibetano.

Depois, os animais e nossas bagagens foram levados para bordo. Finalmente, também subimos. O dono da barca era um indiano, de pele bronzeada; usava um turbante vermelho. Pediu 10 rúpias (cerca de 2 reais) por pessoa.

Após as negociações, a barca desatracou e os homens começaram a remar. Ela afastou-se da praia, seguindo pelas tranqüilas águas do grande rio Tsang Po, até alcançar a margem oposta. Nosso desembarque foi tranqüilo, sem nenhum contratempo.

E, assim, continuamos a cavalgar através de muitos lugares, que certamente pouco mudaram no decorrer dos últimos séculos. Quando chegamos a alguns quilômetros ao norte de uma fértil planície, alcançamos o próspero vale de Kyi Chu. Continuamos viajando rumo ao leste, até chegarmos na pequena cidade de Chusul. Consiste apenas de um grupo de seis ou sete casas de camponeses. Pedimos pousada numa delas e ali passamos a noite.

Notas sobre o governo tibetano

Na manhã seguinte, continuamos a viagem. O caminho era quase todo ladeado por rochedos escarpados. Durante a viagem, conversamos animadamente e o lama Kazi falou sobre a original forma de governo adotada no Tibete.

É interessante lembrar que a maioria dos ocidentais costuma pensar que o Tibete é um país estranho, onde vivem sábios misteriosos que passam o tempo fazendo incríveis milagres. Um país de monges governado por monges...

Contudo, a realidade é diferente. Embora o Dalai-lama seja o Chefe do Estado e do Governo, é o Panchen-lama, ou sábio, que possui poderes metapsíquicos, quem toma as decisões importantes.

Ao Dalai cabem tanto os negócios eclesiásticos como os civis. Logo abaixo dele existem dois órgãos governamentais: uma parte do ***Yiktsang***, ou Conselho Eclesiástico, composta de quatro membros do clero, e *o* ***Kasabg***, ou Conselho dos Ministros. Um ministro eclesiástico e um ministro do Estado assumem a ligação entre os dois Conselhos e o Dalai-lama.

A política estrangeira é sempre dirigida pelo Dalai-lama ou seu guru, o lama-regente.

Há também uma Assembléia Nacional que só se reúne em casos graves. É composta por 50 homens dos mais importantes da cidade de Lhassa. Nas províncias, o governo é representado por cinco Ministros. Deles dependem os comandantes dos fortes, chamados ***Dzon pon***, cuja função é manter a ordem e recolher as taxas dos impostos.

Em seguida, a classe mais importante do Tibete é a dos ricos proprietários de terras, que formam a pequena nobreza.

E, terminando sua explicação sobre o governo tibetano, o lama Kazi disse:

– O Tibete é um país pequeno e fraco, materialmente falando. Creio que a maioria do meu povo deseja ser deixada em paz, livre para praticar nossa religião. Seria realmente muito bom se todos recordassem sempre os ensinamentos do sublime Sidarta Gautama, o Buda:

> Olhai ao vosso redor e contemplai a vida. Tudo é passageiro. Só nascimento e morte, crescimento e decadência. A glória do mundo é como uma flor: linda pela manhã e murcha à tarde. Só a verdade é o dom imutável do espírito. Estabelecei a verdade em vossa alma porque a verdade é a imagem do Eterno Ser.

6

Lhassa, a Cidade dos Deuses – Encontro com o lama-rei – Visita ao Palácio Potala – A Pintura mágica de Padma Sambhava – O oráculo de Nechung – A yoga tibetana – Visita aos templos de Lhassa – O crepúsculo dos lamas – A iniciação final – Ultima visão da Cidade Proibida.

Lhassa, a cidade dos deuses

Uma vez mais estávamos viajando pelo deserto vale de Kyi Chu, cercado de altas colinas. Perto desse vale fica a pequena cidade de Nethang, à sombra de um grande mosteiro lamaísta. Foi essa a nossa última parada, antes de chegarmos a Lhassa, a Cidade dos Deuses, capital do Tibete.

Essa última etapa da nossa viagem foi, talvez, a mais excitante e alegre. Afinal, íamos penetrar na misteriosa capital do mundo lamaísta, que tão poucos estrangeiros têm o privilégio de conhecer. Sentia uma grande felicidade em saber que era a primeira mulher brasileira a entrar no Tibete.

À medida que nossos cavalos prosseguiam, vimos rochas e montanhas azuladas. Ao longe, apareciam no horizonte os picos nevados do Himalaia. Às margens do rio Kyi vimos campos verdes e algumas casas modestas. Encontramos, pelo caminho, camponeses e mercadores que nos olhavam curiosamente. Vimos, também, muitos mosteiros, parecendo pendurados nas montanhas, com seus tetos dourados brilhando à luz do sol. Sobre algumas rochas, vimos afrescos representando o Buda da Luz Infinita; o santo Padma Sambhava e várias outras divindades do panteão lamaísta. Pareciam advertir o viajante de que ia penetrar na mais misteriosa cidade santa do mundo oriental.

Sobre uma rocha no meio do rio, erguia-se uma gigantesca estátua de Buda, esculpida na pedra. O Sublime aparecia sentado na postura do lótus, com as mãos repousando sobre o colo. Seus olhos calmos e serenos olhavam a Cidade Proibida

À esquerda do caminho, sobre uma alta colina, destacava-se o célebre Templo de Chakpori – o mais importante colégio de medicina do Tibete. Em frente a ele, erguia-se o maravilhoso Palácio Potala, onde reside o Dalai-lama.

Mais adiante, o mosteiro de Drepung ou templo do Montão de Arroz – verdadeira cidadela de pedra, com uma multidão de santuários, coroados por telhados dourados. Esta lamaseria é habitada por 10 mil monges e ocupa toda a largura do vale. Um pouco abaixo, está o templo de Nechung, onde reside o oráculo oficial do Tibete. Consta que este *pawo*, ou médium-lama, é a reencarnação de uma divindade budista. Através de suas predições, orienta o curso da política local.

Um pouco além do templo de Nechung, divisamos uma grande muralha de pedra que oculta o palácio de verão do Dalai-lama.

Nos arredores de Lhassa vimos um alto edifício branco, que é a sede da Missão Comercial Britânica. Na época da nossa viagem, o Tibete estava sob o protetorado inglês.

Pierre Julien sugeriu que nos hospedássemos com os ingleses. Mas preferimos confiar na hospitalidade tibetana.

Quanto mais nos aproximávamos do centro da cidade, mais encontrávamos pessoas com aspecto limpo e próspero, vestindo ricas vestes de seda e montadas em bonitos cavalos. Ninguém parecia preocupar-se com a nossa presença. O fato de estarmos em Lhassa significava que tínhamos a autorização necessária.

Fomos seguindo até encontrarmos um grande portão, franqueado por dois *Chortens* ou relicários, que dão acesso à cidade santa. Não vimos guardas nem soldados. Os únicos guardiões pareciam ser os mendigos que pediam esmola perto do portão, e um bando de cachorros vadios. É incrível a quantidade de cachorros existentes no Tibete, e Lhassa não foge à regra.

Atravessamos o portão, misturados com o povo que ia e vinha. Nenhum de nós falava. O simples pensamento de que estávamos em Lhassa, sob o sol da Cidade dos Deuses, nos deixava mudos de emoção. Passamos perto da Ponte da Turquesa e vimos os sinos dourados da Missão Indo-Britânica. Como não havia nenhum hotel nem hospedaria em Lhassa, resolvemos pedir pousada nessa missão. Fomos acolhidos cordialmente. O chefe da missão era um oficial indiano, que resultou ser amigo particular do dr. Vessantara. Essa feliz coincidência muito nos favoreceu.

Ocupei um quarto no primeiro andar, junto ao de Mahima e Vessentara. Da janela, podia ver o formoso Jardim de Dekyi Linga. Ficava rodeado de árvores frondosas e, no centro, tinha um pequeno pavilhão de orações. Mal podia acreditar que nossa incrível jornada tinha alcançado sua meta. Afinal, estávamos em Lhassa! Pensei na minha familia, tão longe em terras brasileiras... Meus pais já falecidos... Meu marido, morto...[1] Minha irmã Eunice casada e feliz, com seus filhos Flávia e Carlos, que eu amava tanto!

Recordei o sonho fantástico que desde a infância me acompanhava e que se tornou realidade: conhecer o Extremo Oriente e seus mistérios.

Naquele instante nostálgico, o Sol morria atrás do Templo do Montão de Arroz. Desci ao jardim, para melhor ouvir o som dos sinos e das longas trombetas *ragdong*, que anunciavam o último dia da festa do Ano-Novo.

Recordei os antigos tempos da minha infância e mocidade, quando passava as festas de fim de ano na casa de meus pais, no Brasil. Meus pais, sempre alegres e inteligentes, meus irmãos Gláucio e Eunice, minha avó Teresa

---

1 Devo dizer, aos meus amigos mais recentes, que aqui estou me referindo ao meu primeiro marido, pois fui casada duas vezes.

(a querida Teté), que aos 80 anos ainda tocava Chopin ao piano. Minha tia-avó Luiza Franco de Albuquerque, que parecia uma lady inglesa, com seus lindos cabelos brancos, sempre bem penteados, suas roupas de seda, seus longos colares de pérolas, seu rosto aristocrático, onde um sinal preto na face esquerda lhe dava um ar de marquesa do século XVIII. Lembro, ainda, de meus tios maternos, Margarida e Soter Couto, que vinham de Belo Horizonte com seus sete filhos, passar as festas conosco, no casarão de meus pais, no alto da Tijuca. Edla e Egléia eram minhas primas favoritas, talvez por serem quase da mesma idade que eu. Lembro, ainda, Elvira, que se parecia muito com minha mãe, Maria Stael, Lomelino, Mauro e Soterzinho, hoje médico famoso em Minas Gerais... nesta noite, onde estarão?

Em minhas andanças pelo mundo, como jornalista, perdi contato com eles. Passei ***réveillons*** no Estoril, ouvindo Amália Rodrigues cantar fados nostálgicos, em Paris, tomando champanha rosado com um grupo de amigos intelectuais, num bistrô da Rue Lafayette; em Nova Iorque, no ***Blue Angel***, na Índia, com o casal Mahima e Vessantara; em Tóquio, na casa dos amigos Muromachi. Guardo, até hoje, deles recordações agradáveis. Mas, passar o ano-novo no Tibete, era, por certo, algo diferente, como um sonho das Mil-e-Uma-Noites.

Sem dúvida, era uma maravilhosa realidade.

Sim, eu estava em Lhassa!

❄ ❄ ❄

Fiquei sabendo que, durante os festejos do Ano-Novo, o poder temporal do governo da cidade é retirado das mãos de seus membros usuais. Nessa época, quem governa Lhassa é o abade do mosteiro de Drebung, que então se transforma no ***Rex Sacrorum,*** tal como nos tempos dos antigos romanos.

É possível que isso seja um golpe político para com o mais poderoso mosteiro do Tibete, a fim de reconciliá-lo com o governo real do país, que está restrito aos quatro mosteiros principais de Lhassa, denominados ***Lings***.

O abade de Drebung assume a soberania da cidade, em meio a muitas festas e honrarias. A sua chegada, todos os presos são soltos, exceto os que cometeram crimes muito graves. Um dos deveres do novo rei sagrado é fazer conferências sobre religião, história e filosofia para a assembléia dos lamas.

Consta que, durante esse período, Lhassa abriga cerca de 30 mil lamas, vindos dos mosteiros de Sera, Drebung, Gahidam e outros. O culto aos deuses é feito todos os dias, pelo povo, na catedral de Lhassa. De manhã à noite nuvens de incenso enchem o ar de um perfume doce e agradável. No último dia da festa do Ano-Novo, os tibetanos celebram a ***Festa das Flores,*** em homenagem ao aniversário da concepção de Sidarta Gautama, o Buda. A deusa cultuada nesse dia é a mãe de Buda, a rainha Maya Devi. O povo leva colares de flores vermelhas aos templos; trocam-se presentes e cumprimentos. O Dalai-lama é também muito reverenciado nesse dia e recebe valiosos presentes.

Naquela noite fomos ver a procissão do ano-Novo. Ela sai do mosteiro de Ra Mo Che, atravessa a Ponte Mende e segue rumo ao Templo do Dragão. À frente do povo, vão os abades dos Mosteiros de Sera e Drepung.

Chegando ao Templo do Dragão, diante de um santuário cheio de estátuas de divindades, os lamas depositam as ricas oferendas. Depois, esse santuário é fechado e lacrado. Só será aberto no mesmo dia do ano seguinte. Deixando o Templo do Dragão, a procissão desceu o rio Tsang Po cantando orações. O povo ofereceu vinho e comidas para as ninfas da água. Em seguida, todos voltaram ao Templo de Ra Mo Che.

Foi celebrado, então, o rito da expulsão do ano-velho. O rito termina com uma dança grotesca de monges mascarados de demônios.

Essas máscaras são feitas de papelão, pano, corda e arame. Depois, são pintadas de muitas cores. Em Sikkim e Butham, onde a madeira é mais abundante, essas máscaras são feitas de madeira. Em geral, têm barbas e cabelos feitos com pêlos de iaque.

Amanhecia quando o ritual terminou. Cansados e sonolentos, regressamos à Missão Anglo-indiana, onde estávamos hospedados.

❄ ❄ ❄

No dia seguinte, após o almoço, saímos para conhecer a cidade. Nas ruas amplas e pavimentadas de pedras, lembrando muito as ruas de Ouro Preto, o povo parecia alegre e apressado. Vimos mulheres e crianças conduzindo burricos que levavam cestas cheias de cereais.

A primeira vista, Lhassa pouco difere das outras cidades tibetanas. Vimos as mesmas casas baixas de pedra, os mendigos e cachorros vadios, as mesmas crianças magras

O Palácio Potala, um dos mais imponentes do mundo, construído há 300 anos pelo V Dalai-lama, que até 1950 foi residência oficial de todos os Dalais.

e pálidas. Em Lhassa, como em todo o Tibete, não há instalações sanitárias nem esgotos. Os mosteiros possuem sumidouros e fossas destinadas aos detritos orgânicos. Mas o povo costuma jogar os detritos nos terrenos baldios. Há uma falta de higiene muito grande e o cheiro das ruas de Lhassa é bastante desagradável.

A cidade é dividida em vários quarteirões planos. No de Lhassassem ficam as lojas mais importantes. Vimos nessas lojas, misturados com os produtos regionais, cremes de beleza americanos, máquinas de costura Singer, canetas Parker, tapetes chineses, sedas e brocados indianos e egípcios, garrafas de Coca-Cola e uísque escocês.

Esses produtos são trazidos pelas caravanas que constantemente chegam e partem, via Nepal.

No quarteirão de Chö está o grande edifício da Imprensa Nacional. Ali vivem os monges escritores. Imprimem, com a maior perfeição, livros, folhetos, cartões e panfletos religiosos. Usam máquinas antiqüíssimas. O papel é tipo pergaminho, feito de fibras vegetais, e dura séculos. É lá que se imprimem os almanaques astrológicos e o único jornal do Tibete. É interessante notar que nunca foi escrito nenhum romance no Tibete. Os livros versam sobre religião, arte e filosofia oriental.

"Todas as estradas conduzem a Lhassa" – diz um velho provérbio tibetano. A rua principal de Lhassa é um exemplo disso. Nas lojas dessa rua encontramos todo o luxo asiático: ricas peles, sabres de ouro, espadas encastoadas de pedras preciosas; sedas e brocados bordados a fio de ouro; belos tapetes chineses; taças e sinetes de jade e maravilhosas mesas tibetanas, pequenas e baixinhas, com forte influência do estilo chinês. No mercado, vimos frutas apetitosas, chá de jasmim e de rosa branca, vindos da China e da Índia e especiarias árabes. Mais adiante, vimos perfumes indianos e chineses, pérolas japonesas, coral e âmbar da Mongólia, e as maravilhosas turquesas – a pedra sagrada do Tibete.

Discussões sobre preços das mercadorias são freqüentes, mas, assim que realizam a compra, risos e brincadeiras voltam a reinar entre o povo. E os homens bebem alegremente a cerveja regional, chamada *Chang*.

Além do bulício da cidade, acima de toda a misteriosa terra dos deuses, jaz a sombra colossal do Palácio Potala, onde vive o Dalai-lama com os lamas-regentes.

Encontro com o lama-rei

– Amanhã, às oito horas, temos uma audiência marcada com o Dalai-lama – falou nosso amigo Kazi.

Inútil é descrever nossa alegria. Naquela noite, mal pudemos dormir, na expectativa do encontro.

Na manhã seguinte, às sete e meia, já estávamos a caminho. Seguimos por uma ampla estrada e passamos pelo Parque das Jóias. Em seguida, atravessamos duas densas alas do quarteirão de Dekyi Lingka. Paramos em frente ao grande portão dourado da residência de verão do Dalai-lama.

Um pequeno grupo de soldados apresentou armas em atenção à túnica amarela do lama Kazi. Andamos em direção ao Norbu Lingka – o palácio onde o jovem Dalai costuma ficar quando sai do Potala. Seguimos o lama Kazi por uma ala bordada de rododendros e salgueiros-chorões. Vimos, à direita, um pequeno lago florido de lótus brancos, onde um casal de cisnes nadava majestosamente. Numa pequena ilha, cercada de águas claras, vimos o pavilhão chinês, ligado à terra por uma ponte recurva de mármore amarelo.

À nossa frente caminhavam vários lamas, imponentes e formosos em suas túnicas cor de açafrão. No pagode, vimos quatro lamas, velhos e gordos, rezando nos seus rosários de coral. Kazi fez uma reverência e nós o imitamos, pois tratava-se do Primeiro-Ministro e seus secretários. Em silêncio andamos até ao fim de um corredor comprido, que conduzia à sala de audiências. Afinal, entramos num grande salão, todo atapetado de verde. As janelas eram cobertas por cortinas escuras, bordadas de círculos mágicos e aves fantásticas.

Grupos de monges andavam de um lado para outro, lentos e solenes. Sentamos sobre almofadões de seda e ficamos à espera. Às nove horas em ponto ouvimos soar um gongo. Os lamas formaram fila. Logo abriram-se as grandes portas douradas esculpidas de dragões. Apareceu um grupo de lamas, altos como gigantes. São a guarda pessoal do Dalai. Consta que esses lamas gigantes – têm cerca de dois metros de altura – são recrutados entre os habitantes do Tibete meridional, e especialmente na província de Kham, onde os habitantes são descendentes dos mongóis de Ghengis Khan.

A longa fila começou a andar lentamente. Andamos também e ficamos no fim. Entramos, afinal, no Grande Santuário. Estava uma penumbra densa e o forte cheiro do incenso penetrava em nosso nariz. Vários guardas gigantes formavam duas filas e estavam armados com um chicote e com um grande bastão dourado. Pareciam estátuas.

No fundo da sala, existia uma parede decorada com um lindo rolo de seda, pintada com uma bela paisagem. Vimos um altar e, embaixo dele, o trono do jovem Dalai. Sentado na posição do lótus, este representava o precioso rei-deus Chen Re Zi. Conhecido como a mais eleveda manifestação dos Budas Vivos, o Precioso Protetor, Oceano de Sabedoria e outros infindáveis nomes poéticos. Naquela época, o jovem Dalai tinha 14 anos. Era franzino, pálido e usava óculos de lentes muito grossas. Suas vestes de seda amarela brilhavam com os bordados multicores. Na cabeça, o chapéu pontudo do santo Tson Kapa, que é parecido com o chapéu ou mitra do papa. As longas abas caíam-lhe pelos ombros.

Trêmulos e reverentes, os visitantes andavam lentamente, em direção ao jovem Dalai. Ofereciam-lhe as brancas echarpes da felicidade e ricos presentes. Em troca, recebiam a bênção, dada com o cetro de ouro ornado de jóias e fitas coloridas. Consta que o fluido benéfico que emana desse cetro penetra no corpo da pessoa tocada por ele, purificando sua aura.

Após a bênção, os visitantes viravam à esquerda, onde estava sentado o Grande lama-regente, e faziam uma reverência. Quando chegou minha vez, ajoelhei-me e senti o leve toque das mãos do Dalai nos meus cabelos. Ele tinha deixado o cetro de ouro no colo e conferiu-me a bênção direta. Na echarpe de seda branca que eu segurava, trêmula de emoção, um monge colocou um pequeno pão de centeio e uma estatueta do deus Chen Re Zi, feita de manteiga. O Dalai pegou as oferendas e as entregou a um outro monge. A mesma cerimônia foi repetida com um diminuto *Chorten* (relicário) de ouro e outra estatueta, representando Sidarta Gautama, o Buda. O Dalai pegou um pequeno livro de capa dourada, amarrou-o com uma fita de cetim vermelho e o pendurou no meu pescoço.

Inclinei-me diante dele e virei à esquerda. Ajoelhei-me diante do Grande lama-regente. O velho lama olhou-me, sorrindo, e coloquei a seus pés a echarpe de seda branca e a fita de cetim que o Dalai colocara no meu pescoço, pois assim manda a etiqueta tibetana.

Tudo isso se passou no maior silêncio. Quando ia sair acompanhando os outros, o lama Kazi fez um sinal para que me aproximasse.

– Fomos convidados para tomar chá com o chefe dos Ministros – disse ele. – Sente-se naquela almofada na postura de lótus e espere.

Obedeci. Pouco depois, Mahima, Pierre e Vessantara vieram sentar-se perto de mim. Afinal, veio Kazi.

Observei que um monge entregara uma taça de madeira ao Dalai. Um grande bule de porcelana, contendo chá amanteigado, foi trazido por dois noviços. O chá foi colocado na taça e logo bebido pelo lama-provador. Só então é que o Dalai foi servido.

Sentia-me tão emocionada que mal podia acreditar

que estava mesmo diante do Dalai-lama! Olhando o contínuo fluxo dos lamas entrando e saindo, achei que apenas essa cerimônia bastava como recompensa de nossa penosa viagem através do Himalaia.

Olhei o rosto pálido do Dalai e pensei nas palavras de um profeta, que dissera, certa vez:

> O verdadeiro Dalai-lama morreu em 1924. Desde então, os outros Dalais serão apenas uma grande Maya ou ilusão, resultante da política maldosa dos lamas de Lhassa, inconformados em saber que a sabedoria arcaica deixará o Tibete e emigrará para o longínquo Ocidente. Em tempos próximos, a alma do verdadeiro Dalai renascerá nas terras de O Fu Sang, ou América do Sul. Isto se dará porque mudou o ciclo da evolução, segundo afirmam nossas tradições. Então!... O Tibete será invadido pelas tropas da Fênix Vermelha... E a espiritualidade desaparecerá do País das Neves...

Seria realmente verdade tudo isso?

Meus pensamentos foram interrompidos quando um monge se aproximou com uma bandeja com taças de chá quente e amanteigado. Bebemos vagarosamente e ficamos aguardando ordens para deixar a safa. Afinal, um dos guardas gigantes tocou um gongo e falou algumas palavras incompreensíveis.

Kazi levantou-se e disse:

– Já podemos ir!

Mais uma vez nos inclinamos diante do Dalai e do Grande lama-regente. De costas para a porta, fomos saindo devagar. A audiência tinha terminado.

Visita ao Palácio Potala

Dias depois, obtivemos autorização para visitar o Palácio Potala, residência oficial do Dalai-lama.

Construído há 300 anos, pelo quinto Dalai, o Potala é um dos palácios mais imponentes do mundo. Ocupa o lugar de uma antiga fortaleza tibetana, construída pelos primeiros reis do Tibete, e destruída pelos mongóis.

Conta-se que, durante muitos anos, milhares de homens e mulheres carregaram as pedras para a construção desse grande palácio, cujas bases repousam diretamente na rocha. A morte do quinto Dalai parecia ameaçar essa construção. Por essa razão o lama-regente resolveu ocultar a todos o desaparecimento do pontífice. Espalhou a notícia de que o Dalai estava doente e não podia mais aparecer em público. Durante 10 anos conseguiu enganar o povo. Até que um dia o Potala ficou pronto.

Vestimos nossas melhores roupas para ir visitar o Palácio Potala. Acompanhamos numerosas pessoas que também iam ao Vaticano lamaísta e assim subimos a montanha. Lá do alto da escadaria do Potala pudemos ver toda a cidade de Lhassa. Pelos degraus de pedra encontramos vendedores ambulantes de preces e amuletos. Outros vendiam incenso e comida. Vimos, também, velhos astrólogos vendendo horóscopos. Escribas lá estavam também para, por um preço módico, escrever um documento, autenticando a visita ao Potala. Mas isso não nos interessou.

O lama Kazi apontou para o Potala e disse:

– Lá em cima ficam os aposentos particulares do Dalai. Situam-se na parte mais alta do palácio, porque ninguém pode viver acima do Poderoso Onisciente.

Fomos subindo a grande escadaria de pedra, que mais parece uma rua de escadas. Muitos visitantes sobem a cavalo, mas só os oficiais e os nobres é que podem fazer isso. O povo tem que subir e descer a pé. À medida que subíamos, fomos prensando nos maravilhosos tesouros que dizem haver atrás daquelas grossas paredes de pedra.

Afinal, chegamos a um pátio. Logo a seguir vimos um grande patamar ornado de estátuas e objetos religiosos. Kazi nos levou a visitar, primeiro, a ala ocidental do palácio, onde moram 250 lamas. Essa parte, conhecida pelo complicado nome de *Namgyetrachang*, é um verdadeiro labirinto de cores sombrias e passagens misteriosas. Através de uma ampla janela, observamos o magnífico panorama: ao longe, o famoso Chakpori e seu Colégio de Medicina, que se expande por todo o vale de Kyitchu. Embaixo, as bonitas casas do quarteirão de Chö. Mais além, os tetos de outros edifícios de Lhassa.

Andamos por diversas salas e capelas na ala ocidental. Passamos pelo lado oriental, onde ficam o Seminário de Tsedrung e os diversos escritórios e ministérios do governo de Lhassa. Não pudemos ver essa ala dos ministérios, porque dois guardas gigantes impediam a entrada.

Também não pudemos visitar a ala norte, nem a ala sul do palácio.

A pintura mágica de Padma Sambhava

Andamos por várias salas povoadas de estátuas de bronze, incrustadas de pedras preciosas. Afinal, o lama Kazi nos conduziu a uma sala magnífica, cujas paredes eram forradas de seda azul-clara e cujo chão de mármore era quase encoberto por um enorme tapete chinês cor-de-mel, estampado com formosos lótus azuis. Pendurado na parede do fundo, perto de uma ampla janela, estava um grande *tanka* ou estardate pintado, representando uma linda paisagem ao luar. A lua se refletia nas águas claras de um lago margeado de velhos pinheiros. Sem dúvida, era uma bela pintura. Todavia, o mais curioso é que, observando atentamente a luz prateada da lua cheia, vimos que ia aos poucos se transformando em lua minguante, depois em lua nova, lua crescente e novamente lua cheia.

– Como é possível? Essa pintura se move? – indaguei perplexa a mim mesma.

Foi então que o lama Kazi, percebendo nosso espanto, disse:

– Essa é a pintura mágica do Tibete! Afirmam nossas tradições que esse *tanka* foi pintado há muitos séculos pelo mago Padma Sambhava – o santo das mãos de lótus. Ela tem o dom de adquirir vida e mudar as fases da Lua sucessiva e ininterruptamente.

– Não será um truque dos lamas? – perguntou Pierre Julien, baixinho ao meu ouvido.

Kazi sorriu da nossa incredulidade. Chamou um dos guardas gigantes que protegia a sala e manteve com ele um breve diálogo em tibetano. O guarda aproximou-se respeitosamente do *tanka* e delicadamente a afastou da parede para que víssemos que não havia nada por trás.

– É inacreditável! – exclamei atônita.

– Não mais inacreditável do que as magias que já presenciamos aqui no Tibete – retrucou o dr. Vessantara, sorrindo bondosamente.

Soubemos, então, que os *tankas* tibetanos são uma "recriação do mundo místico e simbólico através do qual o lamaísmo encontra sua expressão". Cada pintura dessas é, portanto, uma evocação cujo significado torna-se claro aos que fecham os olhos às coisas da Terra e conseguem captar a mensagem esotérica que emana constantemente desse mundo misterioso, povoado de divindades malévolas e benignas.

A preparação de um *tanka* é um ato litúrgico. O algodão, ou a seda, que será utilizado mais tarde para tecer a tela, só deverá ser colhido por um iniciado nos segredos do lamaísmo. A seguir, os fios são purificados pela repetição de certos mantras ou palavras de poder, sendo depois abençoados por um lama, de acordo com um rito especial e na presença de uma sacerdotisa virgem, a quem competirá a

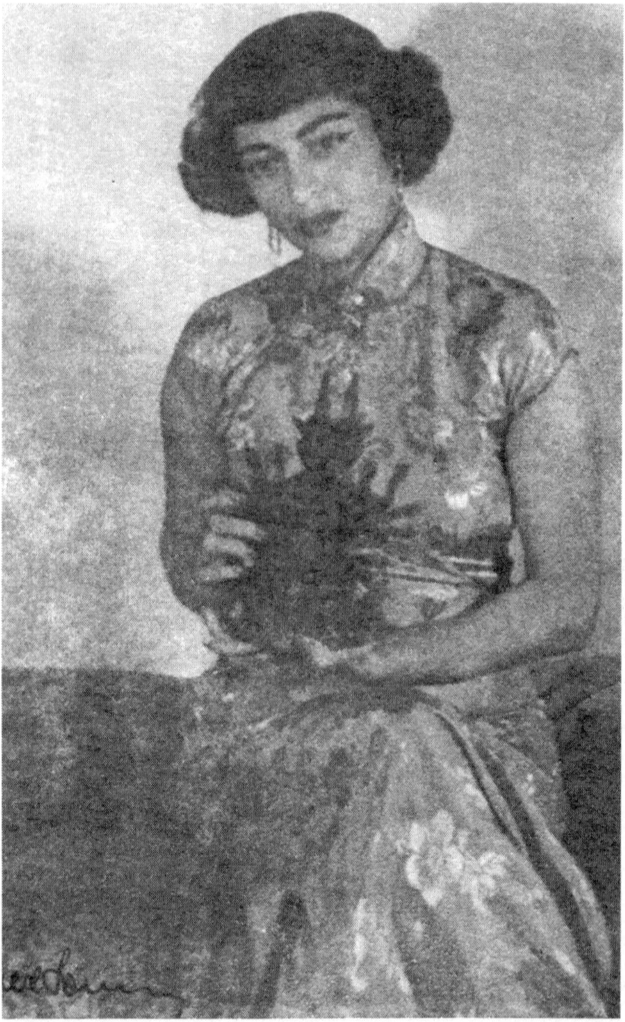

Chiang Sing, na ocasião de sua viagem ao Tibete, tendo nas mãos uma estatua de bronze da deusa tibetana Tara, que corresponde à deusa Kali hindu, ou mãe vivina.

tarefa da fiação. Após a fiação, o fio resultante é entregue a um tecelão experiente, que tem de possuir vários atributos: juventude, saúde, isenção de defeitos físicos e morais, além da presença dos sinais de bom augúrio. Antes da tarefa, o tecelão terá de se purificar e criar o campo magnético onde o artista pintor irá desempenhar a missão suprema de criar uma obra de arte. Há regras especiais para se pintar um *tanka*. Geralmente, as personagens são dispostas em círculo mágico ou *mandala*, em cujo centro fica o motivo principal. Alguns *tankas* têm um pedaço de tecido diferente na parte inferior, chamado a porta do *tanka*, que indica o ponto onde o crente deverá fixar os olhos durante a meditação para que possa entrar no interior da pintura. À medida que a meditação se aprofunda, há uma gradual revelação de significações das figuras representadas, até que se dá a união de quem medita com a divindade representada, havendo a unificação.

Terminada a pintura do *tanka*, um grande lama infunde vida à pintura através de um rito mágico chamado ***Prana Pratisba***. O ato da consagração é, portanto, um ato de vivificação do objeto com a Essência Divina. O ritual é altamente secreto e os tibetanos o receberam de seus mestres ou gurus indianos.

Tendo sido pintada por um santo, não é de admirar que a pintura mágica de Padma Sambhava tenha vida e se mova realmente.

Deixamos a sala de pintura mágica, pensativos e maravilhados. E fomos andando pela ala sul do Potala, até chegarmos a uma espécie de santuário, onde vimos um lindo altar de jade branco ornado com candelabros de ouro. Sobre o altar, vimos a estátua em tamanho natural do Buda Maitreya – o Buda do futuro, uma das emanações do Cristo Cósmico e do Buda Divino. A estátua era talhada finamente em madeira. Representava um homem formoso, sentado num trono à maneira ocidental com as pernas pendentes e as mãos sobre o colo. O rosto e o corpo eram pintados de branco, pois, segundo antiga tradição, ele renascerá no Ocidente, será um homem da raça branca e terá cabelos escuros e olhos azuis.

E assim, de sala em sala, vimos muitas preciosidades do Palácio Potala. Embora não pudéssemos visitar os aposentos do Dalai, pois o Grande Precioso estava meditando e não permitia nenhuma visita, tivemos permissão dos guardas para visitar os túneis subterrâneos do Potala. Esses túneis ficam bem abaixo das grandes escadarias de pedra da entrada do palácio, e tivemos que descê-las para encontrar a entrada vigiada por dois guardas gigantes, vestidos com suas túnicas de lã cor de vinho. O lama Kazi conversou com eles e pudemos entrar. Num dos cantos, vimos várias tochas acesas; tomando uma delas, Kazi enveredou por um túnel e nós o seguimos. Descemos cautelosamente por uma escada de pedra tosca, gasta pelos anos. Esses túneis foram feitos pela ação vulcânica durante incontáveis séculos. Nas paredes vimos estranhos desenhos coloridos. Alguns eram horríveis, representando a deusa-demônio Lhamo (a Kali negra da Índia), cercada de cruzes suásticas, vestida com pele humana e devorando a cabeça de um homem.

Afinal, o túnel foi se alargando, até que, de repente, vimos uma grande luz que não provinha da tocha que Kazi segurava. Era uma espécie de redemoinho de luz que nos envolvia em grandes ondas. Movíamo-nos como num sonho. Estávamos ali, vestidos de luz dourada, diante de um belo lago de águas fosforescentes. No centro do lago boiava uma grande flor de lótus branca. Suas pétalas molhadas pareciam feitas de pequeninas pérolas. Fascinados, ficamos ali com os olhos muito abertos e os sentidos alerta. Um sentimento de vacuidade e afastamento das coisas terrenas apoderou-se de mim.

A voz serena do lama Kazi quebrou o silêncio:

– Este lago sagrado vai se unir com as águas do rio Kyi Chu, que é afluente do rio Tsang Po, a 40 milhas daqui. Dizem... que ele brotou de uma lágrima da deusa Dolma...

Soubemos, depois, que a deusa Dolma corresponde ao Aspecto Feminino Divinal, tal como a deusa Meru e a amorável deusa Kuan Yin na sua misericordiosa atividade irradiada do seu Templo Etérico sobre a cidade de Pequim.

– Dizem nossas antigas tradições – continuou falando o lama Kazi – que existem muitos túneis subterrâneos como este aqui no Palácio Potala. Mas só alguns grandes lamas os conhecem. Penetrando nas entranhas da Terra, atravessam o Tibete, alcançam os Himalaias na Índia, onde dizem que habita o Raio Cósmico Masculino, e cruzando os oceanos, vão terminar no ponto central da Substância Sagrada da Terra. Aí, o Raio Cósmico Masculino emanado do Deus Pai-Mãe encontra-se com o Raio Cósmico Feminino, num misterioso santuário escondido na cordilheira dos Andes, e regido pelos deus e deusa Meru.

Soubemos, também, que esse santuário secreto encontra-se no plano físico, perto do lago Titicaca, nos Andes, a cordilheira sagrada da América do Sul. O encontro desses dois raios divinos forma o eixo da Terra. Bem no centro deste planeta, onde esses dois raios se encontram, brota a imorredoura e vitoriosa Chama Trina da Eterna Verdade. Ela se ergue da fenda de uma rocha na montanha e projeta-se para o Templo Secreto dos Grandes Iniciados. Ali, alguns discípulos privilegiados recebem a iluminação espiritual, para realizarem sua missão no Plano Divino. Nesse templo reside também a formosa deusa Nada – a deusa do Amor Universal – membro do Conselho Cármico da Fraternidade Branca do Oriente.

O Raio Masculino do Himalaia e o Raio Feminino da deusa Meru são uma atividade do Espírito Santo Cósmico. Consta que o Raio Feminino está ancorado no coração de cada vida, seja homem, mulher ou criança, porém o Raio Masculino já teve há muitos séculos a sua predominância. Num futuro não muito remoto, na duradoura Idade de Ouro da Era de Aquário, o Raio Feminino da deusa Meru se manifestará em todas as atividades divinamente qualificadas sobre a face da Terra. E quando circular em torno do planeta Terra, o Raio Cósmico Feminino da deusa Meru se transformará em minúsculos Sóis rodeados por uma aura rosada – simbolizando o Amor Universal. Os Anjos do Santuário Secreto das Montanhas Andinas acompanharão o Raio Cósmico Feminino em volta da Terra. Sua irradiação para cada vida será como pétalas de rosas espalhadas por uma doce brisa.

É muito grande a importância de purificar o continente sul-americano, onde os filhos das grandes sub-raças irão formar a Sétima Raça Dourada, regidos pelo santo Mestre Sainthrhu e a bem-amada Mercedes, seu complemento divino, que simbolizará a Divina Mãe Celeste dos filhos dessa Sétima Raça-Raiz.

Diz a tradição que os filhos da 4ª Raça-Raiz que outrora surgiu do coração do deus e da deusa Himalaia, até o fim do ano do Cavalo de Fogo (1978), em sua maioria, deverão voltar ao seio do infinito. Irão para os Templos da Luz que para eles estão preparados. Por essa razão, têm sucedido, imprevistamente, diversas ocorrências, as quais, para a humanidade, poderão representar guerras e catástrofes mundiais. Entretanto, elas são necessárias: têm a finalidade de trazer muitas almas de volta ao lar divino. Esses filhos da Raça-Raiz precisam abrir caminho para os filhos da 7ª Raça Dourada. E no ano do Cavalo de Fogo (1978) irão encarnar-se na Terra milhares de espíritos da 7ª Raça. Em maioria, eles nascerão na América do Sul, onde o grande Mestre Sainthrhu está criando o seu Momemtum – isto é, sua Força Motriz, Reservas de Forças, Forças Acumuladas para Curar, para Ensinar; Capacidades Musicais ou Artísticas ou todas as virtudes armazenadas no Átomo Permanente que recolhe todas as boas ações de cada encarnação humana: este Átomo Permanente retorna em cada encarnação, trazendo como dom as virtudes das pessoas. Lá, os filhos da Sétima Raça Dourada irão atingir relativa perfeição para desenvolverem o Reino da Evolução sobre a Terra.

Então... a principal energia do Santuário do Lótus Azul no Himalaia irá extinguir-se ou desaparecer e os bem-amados deus e deusa Meru darão destino à reforçada atividade do seu magnífico Santuário na América do Sul. E assim desabrochará como uma rosa perfumada o Reino da Evolução sobre a Terra.

Não sei quanto tempo ficamos no túnel subterrâneo do Palácio Potala, pensando em tudo isso. Ficamos ali quietos e meditativos, sem coragem de deixar aquele lugar abençoado, onde diz a lenda que, de 100 em 100 anos, se reúnem os quatros Kumaras ou Regentes da Terra...

Afinal o lama Kazi quebrou nosso encantamento dizendo:

– Precisamos voltar, está ficando tarde.

E subimos devagar os velhos degraus de pedra, até sairmos novamente à luz do dia. O tempo claro, de algumas horas antes, tinha mudado completamente. Grandes nuvens escuras corriam pelo céu.

A tempestade súbita nos surpreendeu no meio do caminho e chegamos à Missão Indo-Britânica completamente molhados e sujos de lama.

A chuva forte durou três dias. Tivemos que esperar que os caminhos secassem para poder visitar o Templo de Nechung, onde vive o vidente mais famoso do Tibete. Aproveitamos o tempo chuvoso para ler e estudar trechos dos Pitakas – escrituras sagradas do budismo, que o chefe da missão indiana, Capitão Narendra Sen, traduzira magnificamente para o inglês. Quando acabamos de ler, sentimos o coração mais leve que uma gota de orvalho. Recordamos as palavras da grande espiritualista, dra. Annie Besant:

> O budismo é, sem dúvida, filho do hinduísmo e dele nasceu em tempos relativamente recentes. Se lermos atentamente suas escrituras, veremos que são ecos das escrituras hindus, já que estão impregnadas do mesmo espírito, como, aliás, seria de esperar, levando-se em conta quem as inspirou.

O Oráculo de Nechung

Assim que soubemos que os caminhos já estavam secos, saímos rumo ao templo de Nechung. Passamos por *Parkhor*, que é o centro da cidade de Lhassa. Lá estão as grandes mansões dos potentados, as lojas mais ricas, e é o ponto de partida dos desfiles militares e da maioria das procissões. Nessa ocasião festiva, todo o povo de Lhassa converge para *Parkhor.*

Deixando o centro da cidade, alcançamos uma planície. Mais adiante, vimos o templo de Norbulinka onde vive outro médium-oráculo conhecido como o Oráculo de Gadong, tão importante como o de Nechung. Andamos algum tempo, até chegarmos ao templo de Nechung, que fica a oito quilômetros de Lhassa. Naquele dia soubemos que haveria um pronunciamento do oráculo e estávamos ansiosos para ver a cerimônia.

Afinal, entramos no grande pátio. Vinha do interior do templo uma música bizarra e formosa. O povo se comprimia pelas alas do pátio. Por todas as partes vimos altos estandartes de seda colorida com pinturas fantásticas de deuses e demônios. Em grandes braseiros de bronze o incenso de rosas queimava docemente.

Assim que chegamos, vimos um jovem monge saindo do interior do santuário. Seu rosto fino e ascético parecia o de um ídolo. Usava uma túnica de seda amarela; sobre o peito um medalhão de ouro que parecia um espelho redondo e polido. O medalhão tinha inscrições místicas e estava suspenso ao pescoço do lama por uma grossa corrente de ouro. Dois *trapas* ou noviços seguravam a ponta do pesado manto de brocado violeta que envolvia o lama. Ele sentou-se numa espécie de trono em cima de um tablado recoberto de seda amarela. Os dois noviços ajoelharam-se a seus pés.

Nisso, uma procissão de jovens noviços com suas togas marrom remendadas de outra cor, como é costume no Tibete, começou a descer lentamente a escadaria do templo. Traziam estandartes de seda amarela, com a mística inscrição ***Om Mani Padme Hum***, o mantra preferido dos orientais. Afirmam que podemos desenvolver uma boa vibração da nossa consciência pela repetição dessas palavras sagradas. Elas contêm as experiências concentradas de milênios e formam no espaço núcleos de vibrações benéficas que podemos contactar. Uma dessas sílabas mágicas é para os tibetanos o OM que, repetido muitas vezes, pode levar o crente à salvação. Dizem que o OM é muito eficaz porque contém todo o movimento da boca: nós a abrimos pelo A (porque o O prolongado se escreve, no sânscrito, AU), quase a fechamos no U e a fechamos o mais possível pelo M, que só vibra dentro da boca.

O mais importante na meditação do OM é a ressonância do M no meio da testa, logo acima do nariz, por onde entra a superconsciência. Por isso diz o ***Upanishad***: "Mais eficiente que a letra raiz O é o ponto (o M escreve-se no sânscrito como um ponto em cima do O) e mais eficiente do que o ponto é a vibração". Essa vibração atua animando a glândula hipófise. Se pensarmos que uma pessoa que tem

Os lamas guardiães do templo de Nechung.

uma surpresa agradável exclama AM, compreenderemos a afinidade que tem com o OM dos orientais.

O grupo de noviços agitava levemente os estandartes de seda amarela bordados de azul-anil. Foram andando e formaram uma fila a um canto do pátio, sob velhas árvores. Em seguida, saíram do santuário os anciãos, com suas togas cor de laranja, manto cor de vinho, cabeça raspada e olhos distantes. Sopravam longas trombetas de prata, produzindo um som claro e bonito. Formaram dois grupos e ficaram parados junto à escadaria de mármore branco. Saiu, então, do templo uma linda moça vestida como uma deusa.

Seu rosto oval tinha um tom branco-amarelado. Os olhos brilhantes e amendoados, o nariz perfeito e a boca carnuda. Os longos cabelos pretos estavam penteados numa longa trança que lhe caía quase até aos joelhos. Coroava-lhe a cabeça um diadema de ouro e pedras preciosas.

Recordei as lendas que corriam sobre essa moça, que era a abadessa do templo de Nechung. Uma delas conta que, um dia, os muçulmanos tártaros invadiram Lhassa. Pararam diante do templo de Nechung, o qual pretendiam invadir. O general inimigo mandou um recado à jovem abadessa Dorge Pomo que, se ela lhe aparecesse na forma de uma porca, ele não invadiria o templo.

Em resposta, a Abadessa pediu clemência, rogou ao general que fosse embora e deixasse seu país em paz. Mas o general riu sarcasticamente e entrou à força no templo. Então... deu-se o milagre: não encontraram nenhum ser humano, mas muitos porcos e porcas corriam atordoados de um lado para outro...

Os tártaros fugiram apavorados e deixaram o Tibete para sempre. Atribui-se a essa abadessa Dorge Pomo muitos poderes mágicos, inclusive esse poder de licantropia, ou transformar-se no animal que desejar, regredindo na roda da evolução. Não pudemos constatar se isso é verdade, mas soubemos que realmente a abadessa Dorge Pomo é uma grande maga.

Assim que ela apareceu no alto da escadaria, o povo ajoelhou-se reverente. Os anciãos escoltaram-na até junto ao trono do médium-sacerdote. Ela sentou-se ao lado dele sobre uma pilha de almofadas. E o povo começou a desfilar diante deles levando oferendas. Eram perfumes preciosos, objetos de ouro e prata, as echarpes da felicidade, e levavam também uma estranha pedra fulminária chamada *dordje*. Essa pedra é o símbolo do poder e tem um importante papel nos rituais lamaicos.

Acabado o desfile do povo, a um gesto da abadessa os noviços trouxeram grandes tachos de cobre cheios de vinho. Os fiéis se serviram à vontade e beberam nos copos de madeira que tinham trazido.

Soubemos que, para a escolha da abadessa de Nechung, os lamas usam métodos iguais à escolha dos Budas Vivos. Consta que, após a morte da última abadessa, os lamas se reúnem num concílio. E, pela boca de um *pawo* ou médium-sacerdote, ficam sabendo onde a nova abadessa vai nascer. Sobre Dorge Pomo – a atual abadessa de Nechung – contam-se histórias muito curiosas. Já se tinham passado sete anos desde a morte da última prelada, sem que ela se manifestasse através do *pawo*. Os lamas estavam preocupados e não sabiam o que fazer. Um dia, alguns deles saíram do templo disfarçados de camponeses, em busca da reencarnação da mulher Buda. Após muito andarem, chegaram à região de Ngari. Numa praça, brincava um grupo de crianças. Desse grupo, saiu uma menina de uns sete anos. Era franzina e graciosa. Colocando a mãozinha sobre o *ambag* ou bolso interno formado pelas dobras da túnica, a menina falou:

– Me dá minha tiara!

O lama ficou surpreso. Realmente, trazia no bolso a tiara de brilhantes e turquesas que pertencera à última abadessa de Nechung.

E a menina continuou dizendo:

– Não me reconhecem? Sou aquela que procuram há sete anos!

Diante dessas palavras, o lama ajoelhou-se e beijou os pés da menina. Dias depois, ela chegava ao templo de Nechung, carregada numa rica liteira.

Recordamos tudo isso enquanto olhávamos o rosto sereno da jovem abadessa. Depois da distribuição de vinho, começou o toque rítmico dos compridos tambores tibetanos que lembram o ***tabla*** indiano e os atabaques usados em alguns cultos afro-brasileiros.

Tiveram início as danças ritualísticas, com monges mascarados. O espetáculo das danças tibetanas é sempre exótico e belo. Os ágeis dançarmos formam grupos homogêneos e, tendo nas mãos duas caveiras, mais parecem gênios monstruosos.

Terminadas as danças, a abadessa levantou-se e falou:

– Salve o Oráculo de Nechung!

Todos os olhares convergiram para o jovem lama sentado no trono. Com gestos lentos e andar seguro, ele levantou-se do trono. Retirou o manto de brocado violeta e andou até ao centro do pátio onde vimos desenhado no chão um grande círculo mágico.

Dois noviços colocaram sobre seus ombros uma rica estola de brocado dourado e na cabeça um capacete pontudo, rebordado de pedrarias cintilantes. E começaram as rezas em voz alta. O médium fechou os olhos e pareceu ficar profundamente concentrado. Logo, seu corpo magro começou a tremer levemente. Era o sinal de que as entidades espirituais iam se manifestar.

Esse *pao* ou *pawo* é famoso por seus poderes psíquicos. Desde criança demonstrou possuir esses poderes. Caía em estado letárgico durante dias seguidos, e, quando voltava a si, narrava visões maravilhosas. Dizia que seu espírito ia a qualquer lugar deste mundo ou de outras galáxias. Isso me fez recordar a estranha experiência parapsicológica que eu tivera em Lachen. No Tibete, os médiuns são também chamados ***delong*** ou "aquele que voltou do além"...

Do lugar onde estávamos, podíamos perceber os

menores movimentos do médium. À medida que ele se concentrava, seu rosto empalidecia mais e mais. Súbito, seu corpo começou a ser sacudido por grandes estremecimentos. Era o começo do transe profundo. Logo suas feições se modificaram. Os olhos arregalados pareciam querer saltar fora das órbitas. Um dos anciãos ergueu a mão direita e o médium parou de tremer e ficou rígido. O Ancião aproximou-se e colocou uma echarpe de seda branca sobre os ombros do *pawo*.

Foi então que os lamas iniciaram um cântico a meia-voz. O cântico elevou-se em vibrações alegres, alternados com sons nostálgicos. Culminou numa torrente de sons harmoniosos. As feições do médium se abrandaram, mas seu rosto envelheceu de repente. Com o corpo recurvo e passos trôpegos, aproximou-se do ancião que parecia dirigir sua força. Conversaram em voz baixa. O ancião chamou um noviço, que lhe trouxe um rolo de papel, tinta e um pincel fino. O médium continuou a conversar com o ancião, enquanto o noviço anotava tudo. Depois o ancião tirou do bolso da túnica um punhado de ervas secas. O médium pegou as ervas e as jogou num grande incensório, dizendo:

– Olhai, irmãos!

A princípio não vimos nada. Apenas uma grande nuvem de fumaça odorante. Pouco a pouco, por entre a fumaça, vimos figuras se formando. Parecíamos ver um lindo palácio cercado de pinheiros. Junto à grande coluna do palácio, passam e perpassam soldados agitando bandeirolas coloridas. Em seguida, vultos imprecisos surgem dentro da fumaça e o palácio desaparece repentinamente. As figuras pareciam gênios da quarta dimensão... Ficaram delgadas e brancas, logo desapareceram completamente e só ficou a fumaça

Seria uma hipnose coletiva? – indaguei a mim mesma.

A música recomeçou. Era uma música barulhenta e sem harmonia, muito estranha para nossos ouvidos ocidentais. Produziam uma espécie de veneração e devoção no ambiente. Pareciam modificar nossas ondas cerebrais, relaxando-as completamente...

Voltei a olhar o médium-sacerdote. Seu rosto, de repente, ficou crispado e ele caiu rijo no chão. Quatro noviços carregaram o médium para o interior do templo.

– Afinal, quais foram as predições do oráculo? – indagou Pierre Julien.

E o lama Kazi respondeu:

– Não sei. As predições vão ser estudadas e interpretadas pelo Conselho Superior dos lamas. Eles meditarão durante vários dias e depois as comunicarão ao Dalai-lama. Somente depois é que serão divulgadas entre o povo. Os médiuns não podem cometer erros, dando respostas erradas. Muitos deles já foram destituídos do título e condenados à prisão perpétua, por terem feito falsas profecias.

Encerrando a cerimônia, a abadessa Dorge Pomo abençoou o povo com um bastão de prata ornado de pedras preciosas. Todos se precipitaram, para não perder o contato abençoador.

Aproveitamos a confusão para deixar o templo.

A yoga tibetana

Saindo do templo de Nechung, subimos uma ladeira, por onde serpeava a estrada que conduzia a Lhassa. Subimos e descemos a ladeira de pedra e, no final, o caminho contornava um vale. Ali vimos uma gruta que parecia um pequeno castelo. Era a ermida de um *gomchen,* que, graças à intervenção do lama Kazi, teve a gentileza de nos receber.

O gomchen era um homem alto, magro, de idade indefinível. Seu rosto era sem rugas, mas os cabelos e as barbas eram brancos. Vestia uma sunga branca de algodão, característica dos ermitães. A ermida era limpa e estava impregnada pelo aroma do incenso de sândalo. As duas peças inferiores da ermida eram cercadas por um muro de pedra. Na parte superior, ficava o quarto do ermitão que dava para um terraço murado, onde ele praticava suas meditações.

Soubemos que ele praticava yoga tibetana, cujos métodos são muito parecidos com a yoga da Índia. Mas a yoga tibetana encerra muitos ritos tântricos ou mágicos para a sublimação do sexo. Uma das práticas muito usadas pelos yoguis tibetanos, para ver se o discípulo está realmente preparado, é a seguinte: colocam uma lanterna de metal ou de barro, em forma de uma taça com um pé largo na base, sobre a cabeça do discípulo. Essas lanternas então são cheias de manteiga de iaque derretida, depois de colocarem uma mecha acesa dentro. Se o discípulo ficar em completa imobilidade, ela se mantém perfeita. Ao menor movimento, ela cai. Como a concentração perfeita produz inteira imobilidade, seu defeito se prova quando a lanterna cai...

Algumas vezes, a lanterna é substituída por uma taça cheia de água até às bordas. O sucesso da prova consiste em que, durante a meditação, não se derrame nenhuma gota de água. Essa, também, é uma maneira de se constatar o grau de tranqüilidade do espírito do discípulo.

Soubemos, ainda, que, através da concentração do pensamento, o yogui pode projetar no espaço formas concebidas pela sua mente e até mesmo criar uma espécie de fantasma, chamado ***tulku***. O ermitão falou, também, sobre os ritos selvagens do *chod,* em que o místico imagina que está sendo devorado por demônios esfomeados. Acredita, assim, que, através do *chod,* alcança a libertação do corpo. Esse rito macabro foi criado por um lama chamado Padma Rigdzin, chefe da seita do mosteiro de Dzogschen e que viveu há cerca de 200 anos. O nome dessa seita, que pratica o *chod,* significa *Grande Realização,* e é a última das seitas dos lamas do Chapéu Vermelho. Consta que, antes de praticarem o rito, comem uma espécie de cogumelo que nasce nos campos e brota do esterco do gado. Esses cogumelos são alucinógenos e facilitam esse rito macabro.

Existem dois exercícios muito especiais praticados pelos adeptos da yoga no Tibete.

O primeiro consiste em observar, com a maior atenção, os diversos pensamentos, sem tentar detê-los.

Sentado em local tranqüilo, o discípulo evita emitir pensamentos conscientes. Observa, apenas, as idéias, lembranças e desejos que surgem naturalmente, deixando que uma suplante as outras e em seguida desapareça nos labirintos da mente.

Observa, também, as imagens subjetivas que – aparentemente sem ligação com quaisquer pensamentos ou sensações – sempre aparecem enquanto os olhos estão fechados: pessoas, animais, plantas etc.

Durante esse exercício, o discípulo apenas contempla as imagens que se desenvolvem diante dele, evitando fazer reflexões.

O segundo exercício tem por objetivo acalmar a mente, levando-a a se concentrar num só objeto. Esse segundo exercício é adotado em todas as seitas budistas. Pode ser feito da seguinte maneira:

O discípulo senta-se no chão, com as pernas cruzadas e a espinha reta, em cima de uma manta de lã ou um tapete. Acende uma vareta de incenso ou uma vela. Coloca-a em cima de uma mesa e concentra o olhar nessa chama, procurando não piscar. Quando sente que os olhos estão cansados, fecha os olhos. Então, procura ver mentalmente a chama, até que ela aparece nítida diante de seus olhos fechados. É preciso procurar esvaziar a mente de qualquer outro pensamento. Em tibetano esse exercício chama-se *niam par jag pa.*

O yogui tibetano está convencido de que, se não for despertado o subconsciente, durante a vida, pela yoga em suas diversas formas, essa invasão acontecerá no momento da morte. O *Livro dos Mortos* tibetano nos descreve essa condição da seguinte maneira:

Quando alvorecer aqui a incerta
experiência da realidade,
Que eu reconheça sem medo
ou espanto qualquer,
Todas essas visões como sendo os
reflexos da minha própria consciência,
Que eu as reconheça como produtos
fantásticos do Bardo (estado intermediário),
Que eu não tema, nesse importante momento
de alcançar a finalidade sublime,
os exércitos das benignas e coléricas divindades –
As minhas próprias mentalizações...

E, com essas palavras, o ermitão deu por terminado o nosso encontro.

Visita aos templos de Lhassa

A aventura desconhecida está diante de nós, no final do caminho sinuoso que sobe através do bosque e termina nos confins sudoeste de Lhassa. Lá onde se ergue o majestoso Chakpori – o Colégio de Medicina do Tibete. Sob a proteção dos Oito Budas Curandeiros, meditam e estudam nesse templo aqueles que serão os futuros médicos do Tibete.

Deixando a ermida do *gomchen,* fomos andando rumo ao Chakpori, onde o lama Kazi pretendia ficar.

Chegando ao grande portal de ferro, tocamos um gongo e ficamos esperando. Um lama alto e imponente veio ao nosso encontro, pouco depois. Vestia a túnica azul-forte dos lamas de Chakpori. Estava acompanhado por dois cachorros: um galgo negro do Turquestão e um enorme cão pastor de origem européia. Os cães latiam ameaçadoramente. Mas, a uma ordem do lama, ficaram quietos.

Kazi pediu-lhe permissão para visitarmos o templo e o lama, que era o Mestre dos Acólitos, mandou-nos entrar. Os cachorros começaram a rosnar, mas, como eu adoro bichos, comecei a afagá-los sem medo, e logo ficaram meus amigos. Entramos no grande pátio que precede todo templo tibetano. Grandes árvores sombreavam os caminhos. Um grupo de meninos, de várias idades, brincava ali, trajando a túnica castanha dos noviços.

– São os futuros médicos – disse o lama. – Acabaram as primeiras aulas matutinas e agora brincam.

Os meninos nos olharam curiosamente e voltaram aos seus folguedos. Continuamos andando, até alcançarmos um dos santuários. Era amplo; as paredes cobertas de pinturas místicas. Vimos as bonitas capelas com seus deuses misteriosos. Numa delas, vimos grupos de lamas, sentados sobre almofadas, rezando silenciosamente. Na capela principal, vimos a estátua do deus Manjusri – o Senhor da Sabedoria. Era uma estátua de bronze, com um diadema alto incrustado de pedras preciosas.

Nas outras capelas, onde a claridade era pouca, encoberta por pesados reposteiros, observamos diversas divindades. Ao lado das estátuas, vimos muitos jarros com flores e tigelas de porcelana branca com a comida correspondente a cada divindade.

Essas comidas são mudadas todos os dias e cada divindade aprecia uma qualidade especial de alimento.

Diante da deusa-demônio Lha Mo, vimos uma tigela contendo carne – que soubemos ser de cabra preta –, manteiga misturada com sangue da cabra e muitas rosas vermelhas enfeitando a comida. Ao lado, uma taça cheia de vinho tinto. Junto à imagem de cada deus vimos também velas de diversas cores e bolos de arroz em forma de pequenos *Chortens* ou relicários finos e compridos. Embaixo de cada tigela havia um papel escrito com orações e pedidos dos fiéis. Numa delas copiamos as seguintes palavras:

A va ta aya! A va ta ya! Om Vajre!
Argham, Padyam Pulhk-po Dhu pe
A lo ke Gandhe Nai vi dya
Shab ta pradisa yi Swaba!

A tradução feita pelo lama Kazi é a seguinte:

Vem! Vem! O Senhor do raio!
Partilha estas oferendas:
Excelente água fresca da fonte,
Água para lavar vossos pés,
flores para ornar vossos cabelos,
fumaça de incenso perfumada,
velas coloridas para iluminar
a escuridão; vinho e comida
saborosa e sagrada,
música silenciosa de címbalos.
Come fartamente, Senhor!

É costume os fiéis oferecerem 108 lanternas, junto com igual número de bolos de arroz, farinha de cevada torrada, manteiga e açúcar-cande. Essas oferendas são colocadas em quatro lindas tigelas de porcelana. São arrumadas no altar da seguinte maneira:

Junto da estátua, um prato com
os bolos em forma de Chorten ou relicário;
1 taça de cristal com vinho ou sangue
de algum animal sacrificado;
1 tigela com arroz doce;
1 torta de frutas cristalizadas;
bolinhas de manteiga colorida;
1 lamparina com manteiga derretida e uma mecha acesa dentro.

Em seguida, oferecem flores às divindades, sendo que cada uma tem uma flor preferida. A flor da deusa Dolma é a rosa branca e orquídeas, sempre em número ímpar. Seu vinho preferido é o vinho branco; sua vela é amarela e seu dia da semana é a segunda-feira. Essa deusa rege as águas profundas do oceano: é a Senhora das Grandes Águas, a mãe de todos os deuses tibetanos.

Soubemos, ainda, que oferendas mais complicadas são feitas nos dias festivos, principalmente quando os lamas celebram o ***Banquete dos deuses e demônios,*** chamado ***Kon cog chi du.*** Essa festa é celebrada em todos os mosteiros tibetanos. Geralmente, é comemorada todos os meses nos dias 10 ou 15.

Após o banquete, os lamas realizam a cerimônia da expiação dos deveres religiosos que não foram cumpridos por alguma razão qualquer. E então que os lamas oficiantes oferecem, aos elementais que guardam o umbral, comida e bebida. Depois, um bolo de ***tsampa*** ou cevada torrada é dado a cada lama do mosteiro, pois a comida consagrada aos deuses deve ser partilhada entre os irmãos.

O ritual manda que cada lama deixe um pouco do bolo, que é recolhido cuidadosamente numa bandeja de prata. Em cima desses restos é colocado um bolo inteiro e, então, celebram um rito chamado ***Lhak dor,*** em que tudo é jogado num canto do jardim, sobre a terra, para que os fantasmas famintos e os maus espíritos, que ainda não foram catequizados pelo santo Padma Sambhava, possam matar sua fome...

Em seguida, os lamas lavam as contas dos seus rosários com certas ervas e termina a cerimônia. Os rosários ocupam um lugar de destaque no lamaísmo. Consta que o rosário apareceu no último estágio do budismo, quando surgiu a crença no poder das palavras murmuradas com fins de encantamento. Os tibetanos chamam os rosários de ***pren ba,*** que significa fio de contas. Elas têm que ser em número de 108, porque esse número tem alto significado místico. O algarismo 1 simboliza a harmonia, a ordem, o princípio do bem e da divindade; o zero representa o infinito e o 8, simbolizando a perfeição, indica o movimento perfeito e regular do universo.

Voltamos a olhar às oferendas das comidas nos altares e achamos muito estranho tudo aquilo. Os budistas não matam; mas os ritos lamaístas, misturados com os ritos aborígines ***Bon,*** admitem o sacrifício de animais como oferenda aos deuses.

Há em Chakpori – o mosteiro da Montanha de Ferro – grupos de lamas que dedicam todo seu tempo a rezar pela alma dos animais. Rezam para que os animais alcancem uma evolução mais alta na próxima encarnação.

Aprendemos, então, que o reino animal é um conjunto que forma uma alma-grupo. São dispensados de novas encarnações, entrando diretamente no Reino da Natureza ou Dévico, porém eles, tais como os anjos, servem também a Seres Divinos que os dirigem para que dêem amor e proteção. Eles não têm capacidade que lhes permita desenvolver e usar a sagrada Chama Trina, do poder, sabedoria e amor divino, que vive dentro dos humanos. Porém, podem, um dia, assim o desejando, assumir responsabilidade de aceitar esta chama sagrada dentro de suas células de respiração e, ao término de um ciclo, desenvolver uma consciência capaz de ser o tabernáculo de Deus.

Se algum animal nos serve bem, quando formos um mestre no uso da sagrada Chama Trina, podemos oferecer a essa criatura um ***segundo nascimento,*** e a imortalidade.

Podemos aproximar-nos do Pai Celestial e assegurar para seu dispor uma ***Centelha de Vida Eterna,*** que podemos oferecer ao animal que amamos, que pode ou não aceitar nossa amorosa oferta.

Caso ele não aceite, poderá atingir uma vida de amor, paz, segurança, porém jamais poderá criar, pois não é investido do Fogo Sagrado. Se aceitar, terá de concluir o seu ciclo de evolução animal, até que desenvolva uma consciência que seja julgada capaz de trazer consigo a Centelha Imortal.

Veio-me à mente a lembrança longínqua da minha infância e dos folguedos infantis no grande jardim da casa de meus pais, acompanhados pela cadelinha *Tosca* – uma graciosa lulu-da-pomerânia, e de Kitty, outra cadelinha *yorkshire*-pêlo-de-arame, preferida de minha irmã Eunice, debaixo de cuja cama dormia. Recordei *Tosca*, muito velhinha e cega, que um dia saiu de casa, caiu num rio e se afogou.

Soube, então, que há uma prece especial para nossos animais de estimação, que é a seguinte:

> Misericordiosa prece por nossos amigos, os animais.
>
> Ó Grande e Misericordioso Deus de Todos!
> Invoco a plenitude de Vossa Compaixão para todos nossos amigos animais, especialmente aqueles que estão exauridos por excesso de trabalho, são abandonados ou cruelmente tratados!
> Para toda agoniada criatura que, em cativeiro, bate-se contra as grades!
> Para todos em dores, suplico Vossa doce Misericórdia!
> Que eu possa ser para eles o Amigo da Misericórdia.
> Que toda vida animal seja envolta na Vitória do Amor, em todos os lugares e recantos da Terra.
> Em nome da Altíssima Vida presente em toda parte, em nome dos Mestres Ascensionados, apelo que isso seja feito na Terra, AGORA!

❄ ❄ ❄

Continuando a andar pelo Templo de Chakpori observamos que as comidas dos deuses, bem como as pedras preciosas depositadas aos pés das estátuas sagradas, são guardadas por gatos ferozes. Eles atacam quem quiser tocar nos altares, menos os lamas que os alimentam. O pêlo dos gatos é bege-escuro e marrom e seus olhos são azuis.

Nem todos os lamas desse templo são solteiros. Alguns se casam e vivem com suas famílias numa ala separada. Esses lamas-médicos fazem parte da seita dos Chapéus Vermelhos, que admite o casamento dos lamas. Usam a túnica cor de vinho da seita e por cima uma longa estola de seda amarela.

No Templo de Chakpori, além das celas, capelas e santuários, visitamos também as grandes salas de aula com seus longos e baixos bancos de madeira, onde as crianças se sentam para estudar, e as salas onde os monges estudam medicina que lembram muito um necrotério ocidental, com suas paredes brancas, suas grandes mesas de mármore branco, onde vimos um ou outro cadáver dissecado, cheiro ativo de ervas medicinais e exóticos instrumentos cirúrgicos.

Há, também, salas dedicadas ao estudo da acupuntura, às massagens curativas *Tui-Na* aplicadas na cabeça, testa, pescoço, coluna e costelas, com pressões fortes ou leves dos polegares, em movimentos para cima, para baixo e para os lados. Essa técnica segue o curso dos meridianos ou canais que transmitem a energia eletromagnética, chamada ***Ki***, através do corpo. A existência destes meridianos ou canais e sua relação com os pontos de pressão na massagem são conhecidas pela medicina oriental há milhares de anos. No Japão, essa cura através de massagens é conhecida como ***Do-In*** e foi adaptada do *Tui-Na*.[2]

Contudo, o mais impressionante método de cura dos médicos-lamas do templo da Montanha de Ferro é a cirurgia psíquica, sobre a qual não nos referimos nas outras edições desta obra, porque não tínhamos ordem de nossos mentores espirituais. Mas, agora, chegou o momento em que tudo deve ser revelado.

A maioria dos médicos-lamas do templo de Chakpori ou Montanha de Ferro tem um estranho poder curativo nas mãos. Da ponta de seus dedos saem raios verdes, semelhantes aos raios laser. Usando apenas a ponta dos dedos, estes médicos-lamas operam fisicamente, sem usar nenhum instrumento cirúrgico. Com a maior facilidade, removem tumores, vesículas com pedras, ovários e úteros doentes, úlceras de estômago, cataratas etc.

O método é o seguinte: primeiro colocam as mãos sobre a região doente. Com o dedo polegar da mão direita fazem um risco sobre a pele, como se estivessem usando um bisturi. A pele se abre sem que o paciente sinta nenhuma dor. Com as duas mãos, os médicos-lamas espremem a região aberta, e o órgão doente vai saindo aos poucos. Em

---

2 O ***Do-In*** foi introduzido no Brasil pelo professor Juracy Lopes Cançado, que publicou dois livros muito interessantes sobre o assunto.

seguida, colocam o órgão operado num vidro com álcool. Enxugam o sangue que sai da ferida aberta com pedaços de algodão. Fecham a ferida com as mãos e tornam a passar o dedo polegar direito sobre a mesma. As bordas da pele se unem como se tivessem sido costuradas. Resta, apenas, uma cicatriz esbranquiçada, que desaparece após alguns dias. Os doentes saem da mesa de operação andando normalmente, contentes e felizes, levando para casa o vidro com o órgão retirado, para mostrá-lo a parentes e amigos.[3]

Como é a cirurgia psíquica comum no Tibete, achamos muito fantasiosa a operação física que o escritor canadense, que usa o pseudônimo de Lobsang Rampa, descreve no seu livro *A Terceira Visão*.

Afinal, por que sofrer toda aquela dolorosa operação na testa, se os médicos-lamas são peritos em cirurgia psíquica?

Durante nossa visita ao templo de Chakpori, soubemos que, outrora, os médicos orientais estudavam o sistema visceral de um modo muito curioso, cujo segredo, somente hoje, muitos milênios passados, foi descoberto. Em uma sala do Museu de Pequim há uma estatueta de madeira de sândalo de uns 60 centímetros de altura. Representa um pequeno Buda, magro, sereno e ereto, apoiado num pedestal em forma de lótus. Um empregado do museu, ao tirar o pó dos objetos aos seus cuidados, deixou-a cair no chão. Na queda, abriu-se uma pequenina porta, ignorada até então, oculta nas costas da estatueta pelas pregas da túnica. E assim foi descoberto no interior do Buda um completo sistema visceral, feito de tecidos preciosos e coloridos,

---

3 Soubemos, depois, que aqui no Brasil alguns médiuns brasileiros estavam fazendo também cirurgias psíquicas com o maior sucesso. Conhecemos o caso de um amigo nosso, casado com uma médica, que foi operada na casa de seu pai, também conhecido médico brasileiro. O médium-operador retirou o apêndice da esposa do meu amigo, sem que ela sentisse nenhuma dor. Usou o mesmo método de operação psíquica dos lamas tibetanos. Nosso amigo tirou fotos coloridas dessa e de outras operações psíquicas e as possui até hoje. Infelizmente, esse médium envaideceu-se com seus poderes e os acabou perdendo.

cujos órgãos em miniatura eram perfeitamente imitados, na forma, nas cores e nas adequadas proporções. A curiosa estatueta de Buda ficou aos cuidados de uma junta médica chinesa que estudou atentamente as noções de anatomia que ele ensinava séculos atrás. Noções exatíssimas, que, se comparadas com as atuais (que tanto trabalho deram a médicos ocidentais durante a Idade Média, quando era proibido dissecar cadáveres), são perfeitas. O mais interessante é que cada órgão encontrado dentro da antiga estatueta de madeira tem cuidadosas indicações que lhe definem o nome, as dimensões normais no ser humano, o peso e a localização. Este Buda do Museu de Pequim mereceu recentemente muitas referências na imprensa mundial, inclusive uma reportagem na revista francesa ***Paris-Match***.

Consta que estatuetas como essa do Buda de Pequim e também desenhos minuciosos de anatomia eram usados pelos antigos médicos chineses, japoneses e tibetanos, para fazerem seus diagnósticos, pois os antigos costumes proibiam que o paciente se despisse na frente do médico. Também a autópsia não era permitida pelas leis orientais.

Os médicos tibetanos ainda hoje usam muito a astrodiagnose, baseados nos estudos da astrologia. Daí haver mestres astrológicos dando aulas no templo de Chakpori no Tibete.

Consta que, atualmente, alguns médicos alemães estão usando esse método. Soubemos que, na anatomia zodiacal, cada signo tem um ponto fraco por onde começam as doenças. E, assim, num estudo comparativo aproximado dos signos orientais e ocidentais, os 12 signos zodiacais regem os seguintes órgãos:

Rato ou Áries - rege a cabeça.

Búfalo ou Touro – rege a garganta e a glândula tireóide.

Tigre ou Gêmeos – rege braços, mãos, aparelho respiratório.

Lebre ou Câncer – rege o aparelho digestivo e o plexo solar.

Dragão ou Leão – rege o coração e a coluna vertebral.
Serpente ou Virgem – rege intestinos, baço e fígado.
Cavalo ou Libra – rege os rins, supra-renais e região lombar.
Ovelha ou Escorpião – rege os órgãos genitais e o aparelho excretor.
Macaco ou Sagitário – coxas, articulações dos quadris.
Galo ou Capricórnio – os joelhos e articulações do corpo.
Cão ou Aquário – tornozelos e circulação sangüínea.
Porco ou Peixes – pés, ossos e músculos, glândula pineal, fibras nervosas, circulação da extremidade do corpo, glândulas lacrimais, canal raquidiano e até certo ponto os órgãos da reprodução.

Saindo das salas de aula, detivemo-nos longamente no grande terraço que circunda o templo da Montanha de Ferro. Ali repousamos os olhos e a mente, contemplando a linda cidade de Lhassa, que ao longe se estende em direção do norte. O Sol já se ia escondendo atrás das nuvens e era tempo de partir. Deixamos o terraço, percorremos de novo muitas salas, capelas e santuários, passamos pelo Altar dos Sacrifícios, onde se alinham as estátuas douradas em tamanho natural, dos Oito Budas Curandeiros, agradecemos a hospitalidade dos lamas e voltamos a Lhassa.

❄ ❄ ❄

Mais bonito que o templo de Chakpori – a montanha de Ferro – e quiçá mesmo que o Palácio Potala é o famoso Drepung, também chamado Drebung ou Templo do Montão de Arroz. Parece uma alta pirâmide branca, cheia de templos com telhados dourados. A brancura do Montão de Arroz se destaca entre as montanhas azuladas que o circundam. É um dos mais poderosos e populares mosteiros de Lhassa. Está situado cerca de três milhas a oeste da cidade e nele, segundo uns, vivem 7 mil lamas e, segundo outros, 10 mil, divididos em sete colégios autônomos, cada um regido por um abade e um tesoureiro. Esses 14 homens regulam toda a comunidade, grande demais para ser dirigida por um só homem. Como todo templo tibetano, o Montão de Arroz vive das taxas pagas pelos camponeses que cultivam seus campos. Milhares de camponeses tibetanos contribuem para essas dependências feudais e para o sustento do trabalho espiritual dos lamas, de quem não se exige nenhum trabalho manual, a não ser preparar o típico chá verde amanteigado necessário para eles.

Nossa chegada não pareceu provocar nenhuma curiosidade em ninguém. Os grandes portões de ferro estavam abertos; entramos tranqüilamente pelas vastas alas ajardinadas.

Nenhum dos abades estava no templo, apesar de terem sido avisados da nossa visita com antecedência. Eventualmente, encontramos um jovem noviço que pouco conhecia o templo. Meio amedrontado, ele foi nos acompanhando através das inúmeras salas e capelas. No meio de um parque, vimos um pequeno palácio de telhado recurvo que serve para hospedar o Dalai-lama e o Regente em sua visita anual. Nas paredes do palácio, entre pinturas religiosas, vimos um poema escrito pelo VI Dalai-lama, que era um renomado poeta e chamava-se Tsan Yang Gyatso. O lama Kazi nos traduziu o poema, que anotamos, devido a sua delicada beleza:

> Pássaro branco, empresta-me tuas asas!
> Não irei muito longe, amigo...
> Após contornar o lago Li Tang,
> aqui mesmo, pertinho, logo hei
> de voltar, pássaro branco!
>
> Calai-vos, ruidosos papagaios!
> No bosque dos salgueiros, o
> pássaro Djolmo quer cantar e
> saibam – o seu cântico é mágico!
>
> Ah! sejam ou não terríveis os

deuses e demônios que me seguem,
quero que sejas minha, ó
doce maçã que tenho ante os olhos!

Sem dúvida, não escapará ao leitor o velado tom pagão que parecem conter os versos daquele antigo rei deus do País das Neves. A poesia atua como drenagem para o inconsciente.

Em frente ao pequeno palácio, há um relicário em estilo indiano, chamado ***sturpa***, que contém o corpo do grande lama Yon Tenu, que era mongol e possuía grandes poderes psíquicos. Os gênios tutelares desse monumento são as ***tseru-ma*** ou Cinco Ninfas da Longa Vida, cujas estátuas de bronze guardam a entrada, ao lado de uma outra estátua representando o deus Hayagriva.

O interior do templo do Montão de Arroz é majestoso, porém nada tem que o diferencie muito dos outros templos tibetanos que já tínhamos visitado.

Soubemos que esse templo do Montão de Arroz é, porém, uma exceção na política tibetana. Ele é considerado a favor dos chineses e contra os ocidentais. Daí o fato de a maioria dos seus lamas virem do Tibete Oriental, que está sob a ocupação chinesa. O desejo de conciliar a China e o Tibete é a razão dessa atitude antiocidental.

Saindo do templo do Montão de Arroz, montamos em nossos cavalos e fomos em direção ao mosteiro de Sera ou Cerca da Rosa-Silvestre, que fica dois quilômetros ao norte de Lhassa. Ele fica no alto de uma colina chamada Ta Ti Jun, famosa por conter minas de prata e que rodeia todo o mosteiro.

Sera ou Cerca da Rosa-Silvestre é quase tão colossal como o templo do Montão de Arroz. É também um conjunto de templos e edifícios de pedra branca, todo rodeado de muros bem altos, como se fosse uma fortaleza militar. Nessa silenciosa ermida, os lamas se retiram para se dedicar inteiramente aos estudos espirituais. Dizem uns que o templo tem 5 mil lamas e, outros, que eles são 7 mil, divididos em quatro colégios. Exceto por isso, a Cerca da Rosa-Silvestre possui fontes de renda que duplicam os rendimentos do templo do Montão de Arroz.

Poucas semanas antes da nossa chegada, o mosteiro de Sera tinha sido envolvido numa conspiração política. Consta que opuseram resistência armada contra o Exército tibetano. De acordo com as informações que tivemos, Sera se opõe ao governo do Dalai. Freqüentemente, metem-se em lutas sangüinárias com os lamas do mosteiro do Montão de Arroz, que é considerado seu rival.

– Isto é o começo do fim... – comentou tristemente, o lama Kazi. – Chegou a época do crepúsculo dos lamas, afirmam nossas velhas tradições.

Ao passarmos por um dos portões principais do templo de Sera, vimos milhares de lamas, todos vestidos com túnicas amarelas, olhando-nos curiosamente e vigiados pelos gigantes *dobddobs*, a polícia monástica que vive em todas as grandes lamaserias. Esses atléticos guardas da lei andavam de um lado para outro, contendo a fila dos lamas. Usavam túnica cor de vinho e manto amarelo, que lhes caíam sobre os ombros atléticos.

No salão de recepção, fomos apresentados aos quatro abades que regem a Cerca da Rosa-Silvestre. Sentados numa espécie de plataforma forrada com almofadões de seda colorida, os quatro velhos nos cumprimentaram amavelmente e disseram que podíamos visitar todo o templo. E, assim, conduzidos por um noviço, fomos até a vasta biblioteca, onde alguns lamas liam atentamente. Depois, passamos por diversas celas e santuários.

Os lamas da Cerca da Rosa-Silvestre têm um aspecto agressivo, andam armados com longos punhais e mais parecem bandoleiros do que lamas...

Sera tem dentro de sua cidade três templos de vários andares, cujos aposentos são forrados com lâminas de ouro e prata. Dizem que num desses aposentos está guardado um punhal mágico que, certa vez, voou pelos ares e foi da

Índia para o Tibete. O punhal de Sera é objeto de grande veneração. Muitas vezes, é carregado em procissão, pelas ruas de Lhassa, onde o povo se ajoelha e o venera.

Esse punhal chama-se *Tam din phurbu* e dizem que pertenceu a um sábio indiano de nome Grub Thob. Foi encontrado pelos lamas do mosteiro de Sera, numa colina próxima ao templo. No 10º dia de cada mês, esse punhal é retirado do escrínio de seda e levado ao Potala, para que o Dalai-lama o coloque acima de sua augusta cabeça. Acreditam, assim, que o punhal fica impregnado de boas vibrações. Em seguida, a arma é levada aos ministros do Estado, os quais repetem o gesto do Dalai. Então, os lamas trazem o punhal de volta, em meio à admiração fanática do povo.

A mais bonita imagem do Mosteiro de Sera é uma estátua do deus Avalokita Ishvara. A estátua é de bronze, em tamanho natural, e tem 11 cabeças e 11 braços. Cada uma das 11 mãos faz um gesto místico chamado *Mudra*.

Os *Mudras* (pronuncia-se Mudrás) são gestos que servem de instrumento a determinados estados de consciência. São uma espécie de linguagem hermética ligada ao inconsciente coletivo e que produzem determinados estados psíquicos e podem agir sobre o sistema nervoso, acalmando-o e equilibrando-o. A mão esquerda simboliza a concentração e a direita é a sabedoria.

Numa das capelas, vimos também um deus lamaísta e sua *shakti* ou contraparte feminina, unidos sexualmente numa postura conhecida como *Yab Yum*. Esse coito celestial é o símbolo físico de um estado vazio, quando o deus e a deusa, unidos, superam o Eu Pessoal.

No Oriente, devemos ter o cuidado de não ver, nas posições aparentemente lascivas de certas estátuas, uma representação erótica, mas, sim, uma indicação de algo que se sobrepõe à forma e visa obter uma Paz Profunda, um êxtase sublime que paira muito acima dos sentidos humanos.

A associação da idéia do pecado, da impureza, da coisa

suja aos órgãos genitais é de origem semítico-levantina e, na verdade, é completamente estranha ao verdadeiro espírito místico da Índia e do Tibete. Nesses países não há idéias do pecado ligadas ao sexo. O sexo para eles simboliza a manifestação humana da Força Cósmica Criadora, na sua ânsia de perpetuação.

Deixando o templo de Sera com seus deuses exóticos e seus 7.500 lamas, saímos rumo ao Nam Gyul, o Mosteiro Real de Lhassa, onde estudam todos os Dalais. Fica situado no alto da Colina Vermelha, perto do Palácio Potala. Consta que foi fundado no século VII pelo rei Srong-tsan Gampo. Lá, ele guardou as estátuas de divindades budistas que sua esposa, a princesa chinesa Wen Chang, trouxe da China. Durante séculos, esse templo recebeu muitas reformas e, no século XVII, foi inteiramente restaurado. A estrada que conduz ao Nam Gyul fica do lado este da montanha Sorridente. Diante do grande portão de ferro, vimos uma enorme bandeira de preces, que, segundo o lama Kazi, tem 130 metros! Ela é ornada, na base, com chifres de iaque.

O telhado recurvo do mosteiro Real de Lhassa é todo recoberto com finas placas de ouro, presenteadas a um dos Dalai pelo príncipe Ananmal, da Índia, em fins do século XII antes de Cristo. No centro do vestíbulo, vimos uma porta de sândalo esculturada de flores. Essa porta dá para uma ante-sala e, em seguida, para o suntuoso Grande Santuário. Esse Santuário é igual aos que vimos nos templos de Drebung e de Sera, cuja descrição será inútil repetir.

A maioria dos lamas do Nam Gyul veste a túnica cor de vinho, apertada na cintura pelo cordão clássico dos lamas. Apresentam o crânio raspado e, no rosto sereno, apenas se mexem os lábios numa prece estranha e constante. No limiar do mosteiro, os vendedores de incenso e amuletos ficam à espera dos fiéis.

Compramos alguns amuletos de prata incrustados de coral e turquesas e saímos de volta à Missão Anglo-indiana.

O crepúsculo dos lamas

Andamos pelo Pargo Ling ou portão ocidental. Alcançamos Pakkor, ou caminho circular, que passa pela catedral Jo Kang, pelo mercado e as grandes lojas comerciais de Lhassa.

Fomos encontrando as ruas cheias de gente, principalmente de mendigos. Soubemos que muitos deles são ricos e não precisam esmolar. Recordei a célebre peça de Joracy Camargo, ***Deus lhe Pague...***

Uma antiga profecia tibetana diz que, no Ano do Tigre de Ferro, o Tibete será invadido pelos chineses e, então, muita coisa vai mudar e certamente essa mendicância vai acabar.

Estávamos no início do Ano do Tigre de Ferro e prestes a deixar o Tibete. Mal sabíamos que, pouco depois da nossa partida, a profecia se cumpriria.

Naquele dia, ficamos sabendo que, desde que o lamaísmo invadiu o terreno político, alcançando o poder temporal do Tibete, os reis lamas tornaram-se meros bonecos nas mãos dos lamas-regentes. Essa supremacia religiosa, sobre milhões de fiéis da Ásia, trouxe-lhe muito mais do que prestígio. Tornou-se uma fonte valiosa de rendimentos. Muitas contribuições de valor são enviadas da Índia, Mongólia, China e Birmânia para os cofres já repletos do Palácio Potala.

Após a morte do 13° Dalai, foi instalada no Palácio Potala uma seção especial do Ministério das Finanças do Tibete. Sua missão é recolher as oferendas religiosas de todo o mundo lamaísta. Incalculáveis quantidades de ouro, prata, pedras preciosas, sedas e objetos raros estão guardadas nos cofres secretos do Potala. Consta que serão usados como reserva, em caso de uma guerra inesperada. Mas, segundo o lama Kazi, mesmo esse tesouro será inútil para salvar o Tibete do seu Carma de destruição. Contudo, as poderosas idéias fundamentais da fé lamaica jamais morrerão. Certamente sua sutil influência, um dia, irá misturar-se com a força política dominante que virá com as tropas da Fênix Vermelha.

O atual 14º Dalai – diz a profecia – ensinará seu povo a matar os invasores, que dominarão o Tibete. Entretanto, Sidarta Gautama, o Buda, ensinava justamente o contrário. A verdade é eterna e nenhuma pressão poderá destruí-la, pois ela está acima de tudo. A magia do misterioso encanto tibetano será desfeita

E possível que diante do pânico e do terror que vai reinar no Teto do Mundo, o povo tibetano volte a meditar nas palavras do testamento político do 13º Dalai-lama, falecido em 1924. Consta que ele foi a última encarnação do Dalai-lama no Tibete. Seu testamento, conservado nos cofres do Potala, entre outras coisas diz o seguinte:

> No Ano do Tigre de Ferro e da Terra,[4] a religião e a administração secular do Tibete serão atacadas pelas forças da Fênix Vermelha (comunistas chineses).
> O 14º Dalai e o Panchen-lama serão vencidos. As terras e as propriedades dos mosteiros lamaístas serão distribuídas entre os invasores. Os nobres e as altas personalidades do Estado terão suas terras e seus bens confiscados e, para não morrer, terão de servir às forças invasoras.
> Contudo, a grande luz espiritual, que, há séculos, brilha sobre o Tibete, não se apagará. Ela aumentará, se difundirá e resplandecerá na América do Sul e, principalmente, nas terras de *O Fu Sang*,[5] onde será iniciado um novo ciclo de progresso com a nova sétima raça dourada.

Segundo nos informou o lama Kazi, o atual 14º Dalai – que não é a reencarnação do verdadeiro Dalai – para não ser aprisionado, fugirá para a Índia. O incrível caos que, há séculos, reinou na Ásia, voltará a reinar no País das Neves. Os lamas largarão os rosários e pegarão as armas. Isto nos

4 1950.
5 Os tibetanos chamam O Fu Sang ao Brasil, onde dizem que teve inicio a sua civilização, antes do Grande Dilúvio.

fez lembrar que o destino do atual Dalai lembra o de Devadata – um dos discípulos de Sidarta Gautama, o Buda, e que era primo de sua esposa, a princesa Yasodhara.

Conta-se que, através das práticas da yoga, Devadata conseguiu desenvolver grandemente seus poderes psíquicos ou ***siddhis***. Certa vez, um marajá ofereceu uma rica taça de ouro ao homem que pudesse alcançá-la, sem subir no topo do bambu onde estava pendurada.

Vieram muitos magos e faquires para tentar a prova. Em vão invocaram seus poderes ocultos. Sabendo do que se passava, Devadata – orgulhoso dos seus poderes – resolveu competir. Sentou-se no chão, perto do trono do marajá, e concentrou toda a sua força mental. E o povo, assombrado, viu Devadata ir se elevando, aos poucos, no ar. E, assim, levitando, conseguiu obter a taça sem subir no bambu. Contente com sua façanha, Devadata foi procurar o Buda e narrou-lhe o ocorrido. O Sublime sorriu e respondeu mansamente:

– De que valem esses poderes, meu filho? Nada significam para teu progresso espiritual. São apenas demonstrações vãs...

Indignado, Devadata irritou-se com a resposta do Iluminado, e o abandonou. Foi para a cidade e começou a pregar contra ele. Buda continuou sereno e deixou Devadata entregue a seu próprio destino. Uma tarde, Devadata caminhava pela floresta, junto com seus discípulos quando, de repente, caiu dentro de areias movediças. Apesar de toda sua clarividência, não tinha visto o perigo. Desesperado, viu que ia afundando cada vez mais. Os discípulos correram para salvá-lo. Mas nada conseguiram. E Devadata morreu colhido pelas areias movediças...

Possivelmente, apesar de todo seu poder, o mesmo acontecerá com o 14° Dalai-lama. Breve terá que dizer adeus aos seus famosos títulos de Encarnação Viva do Deus Chen Re Zi, Regente Máximo do Teto do Mundo, Precioso Protetor do Povo, Grande Buda Vivo, O Bem-Amado

Senhor, O Mais Recôndito Sábio e tantos outros nomes poéticos e imaginosos, que não terão mais razão de ser.

A iniciação final

– Diga-me, Kazi, é verdade que aqui no Tibete existe uma espécie de conhecimento psíquico, que permanece secreto, desconhecido para o resto da humanidade?

Os olhos serenos do lama fitaram-me atentamente. Estávamos sentados na grande biblioteca do templo de Chakpori, onde ele ingressara dias antes para prosseguir seus estudos de medicina.

Faltavam poucos dias para deixarmos Lhassa. Naquela tarde, deixando meus companheiros entregues aos preparativos da longa viagem de volta, fora sozinha até ao templo de Chakpori despedir-me do velho Kazi.

No horizonte longínquo, o sol morria atrás das montanhas nevadas. Era a quinta hora da tarde e, em volta de nós, tudo era silêncio. Um leve sorriso esboçou-se no rosto moreno do velho Kazi, quando ele falou:

– Sim, é verdade. São conhecimentos secretos que ainda não podem ser revelados à humanidade. Essa sabedoria secreta não pode ser dada a todos, pois somente poucos a compreenderão.

Houve uma longa pausa. Em seguida, na sua voz clara e metálica, o lama Kazi prosseguiu:

– Embora não possa revelar essa sabedoria secreta, vou transmitir-lhe alguns ensinamentos que me foram dados pelos Mestres Ascensionados que trabalham para a evolução da humanidade.

Cheia de emoção, aguardei as palavras do lama. E ele continuou:

– A Idade de Ouro da Fraternidade Divina, que está por chegar, é predestinada a ser a expressão natural da unidade, harmonia e cooperação amorosa, entre todos os seres em evolução que vivem na Terra. Vou lhe repetir as sábias palavras do bem-amado mestre El Morya:

> Esses ensinamentos referem-se a como devemos invocar e mentalizar as Chamas Coloridas emanadas dos raios cósmicos. Essas chamas cósmicas têm uma poderosa força de vibração positiva quando ditas em voz alta. Todas as palavras dessas invocações ou apelos são calculadas para produzir uma vibração exata alcançando os planos superiores onde vivem os Mestres da Fraternidade Branca do Oriente. Eles estão sempre dispostos a enviar sua proteção a todos os seres bem-intencionados que queiram difundir seus ensinamentos no mundo físico. Os tempos são chegados para que possamos divulgar em linguagem clara algumas das principais realidades divinas.

O lama fez uma pausa. Inclinou a cabeça para a frente e, uma vez mais, senti-lhe o olhar, perscrutando-me o íntimo. Por fim, muito lenta e demoradamente, disse:

– Ouve, segundo nossas antigas tradições místicas, existem no plano etérico sete raios cósmicos que emitem sete Chamas Coloridas, cada uma de acordo com um Mestre, um Anjo ou Deva e uma cor especial. A mais importante de todas, para a humanidade atual, é a bem-amada Chama Violeta. Essa Chama Violeta é uma corrente de energia capacitada e adequada para captar e dissolver energias imperfeitas, de modo que elas possam, novamente, ser carregadas com a perfeição. Essa Chama Violeta é, ainda, uma contínua força operante de amor, misericórdia e compaixão que afasta causas criadas pelos seres humanos e cuja expansão traria as piores desgraças. Quando a humanidade chegar a essa compreensão e, conscientemente fizer uso dessa Chama Violeta, ela não mais terá que sofrer, sempre e sempre, pelas causas passadas de antigos Carmas que geram infortúnios.

Até pouco tempo atrás, essa Chama Violeta só era conhecida nos Santuários, nos templos etéricos de Luz dos

Mestres Ascensionados. Como o tempo é curto e determinadas coisas deverão ser concluídas, esses conhecimentos foram trazidos ao mundo externo, onde todos poderão adquirir, usar e viver a liberdade.

No Ano do Cavalo de Madeira (1954) começará a Era da Liberdade para a Terra! Estamos atravessando, agora, uma época bastante especial na história de nosso planeta, onde deve e vai reinar, eternamente, a Liberdade. Quer dizer: a energia que envolve a humanidade e a atmosfera – que está carregada de impurezas, discórdias e maldades – será transformada pela divina Chama Violeta. Quando isso for conseguido, o homem será, novamente, LIVRE. Poderá receber instruções diretamente de sua Presença Divina EU SOU e das Ascensionadas Legiões de Luz. Portanto, todos receberão a liberdade. Não somente os humanos, mas também o reino dos elementais, as criaturas quadrúpedes e tudo o que vive. Passarão todos a existir como era no princípio dos tempos. A vontade de Deus se manifestará em amor, paz, harmonia e liberdade.

O grande Mestre Ascensionado Saint Germain é o Ser que dirige os 2 mil anos já iniciados desta Era de Liberdade. Ele já viveu outora no Oriente com outros nomes, e agora sua gigantesca missão é libertar todos os viventes, como também a Terra, e isto será realizado por meio da Chama Violeta. Separadamente, e em grupos, as pessoas apelam, desejando dissolver toda criação inferior que obscurece a luz dos homens.

Se apelarmos para nossa Presença Divina "EU SOU" e ao Mestre Ascensionado Saint Germain para chamejar a Chama Violeta através de nós, ele começará a afastar todas as criações negativas em nossos corpos do sentimento, do pensamento, etérico e físico; iremos constatar uma acentuada leveza e expansão em nossos sentimentos; uma notável clareza em nossos sentidos e mudanças sutis em nosso corpo físico. Alguns discípulos vêem essa Chama Violeta quando apelam por auxílio; outros, a sentem. Mas mesmo quando não a vemos ela está agindo sobre nós. Parece ser invisível, mas chegamos a ver as coisas mais importantes da vida? Não são visíveis aos nossos olhos a vida, a eletricidade, o amor, o ódio e a paz. No entanto, são bem reais os seus efeitos.

O uso diário da divina Chama Violeta pode afastar muita coisa que está acontecendo em nosso mundo. Mas talvez deva ser esclarecido que, quando empregamos sinceramente a Chama Violeta e *acontecem pequenos efeitos* –, isso não quer dizer que a Chama Violeta não faça a obra completa. Significa que as nossas criações humanas vêm à luz antes que as tenhamos dissolvido!

O emprego da palavra Eu Sou em todos os apelos das Chamas Cósmicas é muito importante. Ela é a chave da vida, das vibrações divinas e da energia que produz a perfeição, individual, nacional ou internacional. Pelo emprego da frase *Bem-amada presença divina Eu Sou em mim*, todos os nossos problemas podem ser consumidos pela Chama Violeta. Essas palavras, seguidas dos apelos, devem ser pronunciadas em voz alta e firme, para que o poder vibratório do som criador se manifeste no plano físico. Os Mestres, os Anjos, os Elohins ou Filhos de Deus, os Devas e os Arcanjos nada podem fazer por nós se não os chamarmos em voz alta, pois eles não têm a palavra, o verbo que vibra e que faz vibrar a matéria em torno dos seres e das coisas que eles querem purificar, com as Chamas Cósmicas.

Esses apelos às Chamas Cósmicas não são como uma prece comum, pela qual pedimos uma graça a um determinado santo, sem estabelecer maior vibração com os planos superiores.

A oração comum é um conjunto de palavras, criando uma forma mental que atrai o santo invocado.

Os apelos às Chamas Cósmicas e aos Mestres Ascensionados que as dirigem ajudam a desdobrar a consciência, erguendo a planos etéricos mais sutis, onde as vibrações são diferentes e que podem nos dar rosas ou espinhos, poderes ou perigos.

É preciso que se compreenda que há muita diferença entre retirarmos nossa consciência do plano físico e atuarmos num nível mental superior, ou ficarmos passivamente orando, com a mente ligada ao plano físico, esperando ajuda dos santos. A ciência oculta exige de seus adeptos muito mais do que a prece comum. O caminho do ocultismo é estreito *como o fio de uma navalha*, mas o verdadeiro iniciado conhece o caminho do fio da navalha e pode percorrê-lo sem nenhum perigo...

Existem sete raios cósmicos que emanam da divindade suprema. Para cada dia da semana, há um Elohim ou Filho de Deus, um Arcanjo e um Chohan ou Mestre trabalhando no serviço de irradiação da luz de um dos Sete Raios Cósmicos, aquela Luz que, também, forma o corpo causal de cada pessoa.

Domingo - Primeiro Raio

Chama Azul-rei, com raios branco-cristalinos.

Suas virtudes são a Fé, Força, Poder, Proteção, Vontade Divina.

Esse primeiro raio azul é regido pelo bem-amado Mestre El Morya, pelo Arcanjo Miguel, Elohim Hércules e seu complemento divino Amazon.

Todos os juízes, governantes e reis, estão em harmonia com esse raio azul do poder e da vontade de Deus.

Segunda-feira - Segundo Raio

Amarelo-Dourado.

Suas virtudes são a Sabedoria e Iluminação. Esse segundo raio cósmico é regido pelo Mestre Ascensionado Kuthumi e pelo Mestre Lanto, pelo Arcanjo Jofiel e pelo bem-amado Elohim Cassiopéia. Todos aqueles que se dedicam ao estudo da ciência, os professores e instrutores, têm em seus corpos astrais uma larga faixa dourada correspondente a esse raio.

Terça-feira - Terceiro Raio

Chama Rosa.

Suas virtudes são o Puro Amor Divino, Reverência e Adoração, Beleza e Tolerância.

Esse raio ou chama rosa é regido pelo bem-amado Mestre Paulo, o Veneziano, pela Mestra Rowena, Arcanjos Samuel e Cáritas e Elohins Orion e Angélica. Esse raio ou chama cósmica, têm todos aqueles que amam a delicadeza e a beleza. Quando invocamos essa chama e a mentalizamos ou imaginamos que a estamos vendo em volta de alguém, essa pessoa sempre se beneficiará e ficará mais harmoniosa e feliz.

Quarta-feira - Quarto Raio

Chama branco-cristal.

Suas virtudes são a Pureza, Artes, Ressurreição e Ascensão.

Esse quarto raio branco é regido pelo Mestre Ascensionado Serapis Bey, que, em épocas remotíssimas, antes das primeiras dinastias faraônicas, foi rei do Egito e chamou-se Saofis. Junto com ele trabalham os grandes Elohins Claire e Astréia, e o Arcanjo Gabriel. Essa Chama Branco-Cristal tem o poder de ascensionar qualquer situação em que nos encontramos, ascensionando toda limitação e levando-a à perfeição.

Quando, em seu mundo, se apresentarem situações difíceis; quando sua alma estiver deprimida; quando surgir um abatimento ou desânimo profundo; quando se apresentarem situações financeiras em declínio, faça um apelo à Fraternidade de Luxor, regida pelo Mestre Serapis Bey. Peça que ele lhe envie a Chama Branca da Ascensão, fazendo ascensionar toda força de expansão e alegria, retornando tudo à bem-aventurança e harmonia. A Chama Branca da Ascensão é um antídoto maravilhoso contra a depressão, seja individual ou coletiva.

Quinta-feira - Quinto Raio

Chama Verde com raios dourados.

Suas virtudes são as da Cura, Verdade, Dedicação e Concentração. Ela é regida pelo bem-amado Mestre Hilarion, ajudado pelo Arcanjo Rafael e seu complemento divino, Mãe Maria, e pelo grande Elohim Vista ou Ciclope, o Olho Divino que tudo vê.

A esse raio verde como a folha da alface pertencem todos os médicos, enfermeiras e irmãs de caridade que se dedicam à cura.

Sexta-feira - Sexto Raio

Chama Rubi com Dourado.

Suas virtudes são a Paz, Devoção, Misericórdia e também Curas.

Esse sexto raio cósmico é regido pelo bem-amado Mestre Ascensionado Jesus Cristo, que – segundo provam nossos livros santos – também foi iniciado nos templos tibetanos. Juntamente com o meigo Jesus trabalham, nesse raio, a Mestra Nada, o Arcanjo Uriel e o Elohim Tranqüilitas. Todos os monges e monjas, católicas ou não, pertencem a esse sexto raio da devoção crística.

Sábado - Sétimo Raio

Chama Violeta.

Suas virtudes são o Amor, Misericórdia, Compaixão, Transmutação e Liberdade. Essa divina Chama Violeta tem o dom de queimar o nosso Carma desta e de outras vidas, purificando nosso corpo físico e nossos corpos inferiores. Ademais, tem também o dom da cura.

O Sétimo Raio Cósmico é regido pelo bem-amado Mestre Saint Germain, que, numa de suas numerosas encarnações anteriores, foi São José, o doce carpinteiro pai de Jesus. Juntamente com ele trabalham no Sétimo Raio Cósmico o Arcanjo Ezequiel e o Elohim Arcturos.

Quanto mais utilizarmos os apelos e as mentalizações das Chamas Cósmicas, mais elas nos protegerão e elevarão espiritualmente.

– Fez uma pausa e prosseguiu:

– Agora, vou ensiná-la a fazer o apelo do Manto de Luz Branca, ou tubo de luz eletrônica. Repita comigo em voz alta:

> O Tu, Presença Infinita do Cosmos
> em meu coração!
> Projeta em volta de mim um longo tubo
> branco de luz eletrônica. Torna-o tão
> possante que nenhum malefício possa tocá-lo.
> Faz com que eu seja invulnerável
> a tudo o que não é teu poder,
> a tudo o que não é teu amor, tua sabedoria.
> Graças vos dou, Presença Infinita
> do Cosmos, pois atendestes à minha invocação!

Imagine um longo tubo de luz branca em volta do seu corpo, a um metro e meio de distância.

Obedeci. Como estava acostumada a constantes mentalizações, consegui ver diante de mim o tubo de luz eletrônica. Mais tarde, soube que, mesmo que eu não pudesse ver o tubo de luz, bastaria que eu o imaginasse, facilitando assim a mentalização para quem não está habituado.

– Prossigamos – falou o lama Kazi, percebendo que a minha visão espiritual estava aberta. – Nós, lamas tibetanos, conhecemos muitas palavras especiais para invocarmos a Presença Divina. Entre elas encontra-se a palavra sagrada EU SOU, que significa a atividade plena do Pai Celestial. EU SOU tem um grande poder vibratório e por isso foi usada pelo Mestre Jesus quando disse: "EU SOU o caminho, a verdade e a vida"...

Agora, repete e aprende esta segunda invocação:

> Ó Tu, Presença do Pai Celestial
> em meu coração!

O Sanat Kumara, ergue um poderoso
tubo de Chamas Azuis em volta do
meu tubo de luz branca.
Que ele seja uma proteção
contra todos os malefícios.
Conserva-o eternamente em volta
de todas as criaturas até que a
humanidade inteira encontre
a libertação pela ascensão espiritual;
Eu te agradeço, Pai Celestial.
EU SOU, EU SOU, EU SOU,
EU SOU, EU SOU, EU SOU,
EU SOU o EU SOU.

Após uma breve pausa, o lama Kazi continuou falando:

– Em volta do tubo de luz eletrônica branca, imagine agora que vem pousar um espesso tubo de chamas azuis, que aumentam o poder do tubo branco.

Com os olhos fechados mentalizei o tubo de chamas azuis e logo senti sua doce vibração passar pelo meu corpo físico e meus corpos inferiores.

– Continuemos – disse Kazi. E, com cálido timbre, fez outro apelo:

Ó Tu Presença Infinita do Pai Celestial
que estás no meu coração!
Ó Marte, nosso planeta irmão, ó Mestres
Excelsos do espaço, conjugai vossos poderes
para nos proteger, para dispor em volta de nós,
um tubo invencível de luz azul. Faz com que
subam estas luzes cintilantes até à oitava
dos Mestres Ascensionados e dos
Grandes Seres da Hierarquia Divina.
Que estas luzes santas brilhem deslumbrantemente
e que destruam as influências maléficas
que tentarem nos atacar!
EU SOU, EU SOU, EU SOU.
Eu vos agradeço, Marte, meu irmão
e todos os bem-amados Mestres invisíveis!

Agora, imagine que em volta do seu tubo de luz azul há um tubo de chamas rosadas. Essas chamas sobem bem alto e vão ter à presença dos Mestres da Fraternidade Branca do Oriente.

Em silêncio, obedeci a todas as sugestões do lama Kazi. Quando sua voz voltou a soar, era como se tivesse um timbre celestial.

– Invocaremos, agora, a divina Chama Violeta, que, conforme já lhe disse, tem o poder de consumir nosso Carma. Essa Chama Violeta deve ser mentalizada sobre nossos amigos e parentes, bem como sobre nossos inimigos, pois ela os envolve, protege e purifica. Podemos, ainda, enviar ondas de Chamas Violetas para beneficiar os rios, os lagos, os mares, vales e montanhas, bosques e matas, casas e jardins. Podemos ainda envolver com a Chama Violeta todos os animais e em especial nossos animais de estimação, que assim sobem na escala da evolução. A Chama Violeta purifica tudo em que toca, liberta também os pequenos seres elementais da quarta dimensão: gnomos, fadas, duendes, sílfides, salamandras e ondinas...

Novamente o lama Kazi reatou o fio dos seus apelos:

Chama Violeta do Grande Sol Central!
Chama Violeta do Grande Sol Central!
Chama Violeta do Grande Sol Central!
Desce em meu coração
desce em minha alma
desce sobre o meu corpo físico e espiritual,
desce sobre toda a Natureza,
Desce sobre toda a Humanidade,
Desce, desce, desce.
Defende-me, defende-me, defende-me!
Toma posse de todo o meu ser!
EU SOU, EU SOU, EU SOU,
EU SOU, EU SOU, EU SOU,
Pai Celestial, eu sou EU SOU!

– Agora, imagine que está envolta por um pilar de

Chama Violeta, que brota do chão e vai até sua cabeça. Sinta que ela consome todos os seus erros desta e outras vidas, todos os maus pensamentos, tudo o que é impuro...

Mantive minha atenção calma e concentrada na divina Chama Violeta. Imaginei que ela subia pelos meus pés, e envolvia todo o meu corpo, dando a impressão de um leve calor, muito suave e agradável.

Com grande fervor repeti com Kazi um outro apelo:

> Bem-amada Presença Divina EU SOU em mim,
> Bem-Amado Mestre Ascensionado Saint Germain,
> Bem-Amado Arcanjo Ezequiel, Bem-Amado Elohim
> Arcturus e Vós, Bem-Amadas Divindades que
> manejais o Fogo Violeta para a Terra!
> Eu vos amo, eu vos abençôo!
> Agradeço por vossa assistência a mim e
> a toda humanidade. Em nome da Bem-Amada
> Presença Divina EU SOU em mim e de toda
> a humanidade e através da força magnética
> do Fogo Sagrado, com o qual estou investido,
> apelo por Vós como sacerdote da Ordem
> de Ezequiel: Bem-Amados Anjos da Chama Violeta,
> Bem-Amados Anjos da Chama Violeta, Bem-Amados
> Anjos da Chama Violeta, vinde, vinde, vinde
> e flamejai o fogo violeta do amor
> pela liberdade através da minha aura, de meu
> mundo dos sentimentos e pensamentos, através
> do meu corpo físico, através do meu lar, meus
> negócios, minhas finanças e interesses.
> Fazei isto para toda vida deste planeta,
> até que sejam dissolvidas e transmutadas as
> causas e os germes da criação humana, na
> Pureza e Perfeição. A Terra, em verdade,
> é uma Estrela Sagrada e Livre! Eu vos agradeço
> por terdes atendido às súplicas de meu coração.
> O Fogo Violeta do Amor pela Liberdade nunca
> falha em trazer a Pureza e a Perfeição.
> Eu Sou a Chama Violeta!

Por algum tempo ficamos ali parados, com os olhos fechados, sentindo a vibração das chamas cósmicas.

Afinal, ouvi o lama Kazi dizer quedamente:

– Vou lhe falar agora sobre a Lei da Precipitação ou Criação, treinando suas ondas cerebrais para pensar na terceira dimensão e atuar na quarta. Esses ensinamentos foram revelados pelo bem-amado Maha Chohan, o Mestre Ascensionado Paulo, o Veneziano, um dos mais importantes membros da Fraternidade Branca do Oriente.

> A luz eletrônica que preenche o Universo contém o núcleo central da Chama Azul Branco-Cristalina, pertencente ao primeiro raio cósmico. Ela está no coração dos seres humanos formando a divina Chama Trina: Azul, Dourada e Rosa. Essa Chama Trina pode multiplicar a si mesma, sem limite, e produzir novos pontos de consciência em qualquer parte do mundo.
>
> Eis aqui os quatro passos necessários para criar o átomo permanente do seu desejo no plano físico, desde que seja um desejo altruísta e bom. Caso contrário, a luz eletrônica da Chama Trina não se manifestará e o desejo não é realizado.
>
> O primeiro passo é o seguinte: encontre uma posição confortável e relaxe seu corpo completamente.
>
> Agora, faça um quadro mental daquilo que deseja realizar.
>
> Sinta que do seu coração brota um lindo raio rosa, que representa o poder coesivo do amor.
>
> Imagine que o seu quadro mental está emoldurado por uma linda luz dourada cintilante. Do alto da sua cabeça brota esse raio dourado, que é o quadro mental da Luz Divina, criador do plano divino em uma matriz, um molde.
>
> Sinta que da sua garganta brota um raio azul que dá força ao seu desejo, durabilidade e habilidade para manter-se inalterável à desintegração do mundo exterior.
>
> Agora esses raios, rosa, dourado e azul convergem para dentro de você mesma, realizando assim o seu desejo no nível mental exterior.[6]
>
> Os eléctrons, quando fluem da Presença Divina EU

6 Recentemente, usamos essa mentalização e esses apelos em estado de tranqüilidade ALPHA, pelo método de controle mental do Silva Mind Control, com excelentes resultados.

SOU para o coração físico, contêm dentro de si o Fogo Criador. Cada eléctron pode tornar-se o núcleo de qualquer forma que a pessoa queira trazer à realidade. Assim, esse eléctron pode tornar-se o núcleo de qualquer forma, a semente de uma idéia espiritual.

Através dessa mentalização, o eléctron que entra no coração e se torna parte da emanação de vida de uma inteligência autoconsciente pode projetar-se na Substância Eletrônica e, em torno de uma minúscula partícula do Fogo da Criação, congregar parte dessa substância Universal.

Toda criação é Trina. Daí termos que usar as três chamas ou três raios coloridos que descem para o coração, e sobem através da garganta e cabeça.

A Luz Eletrônica desce para o nosso coração, que é a taça que recebe a luz, e, então, de acordo com o plano divino, os eléctrons sobem novamente, atravessando a garganta até à cabeça. Isso faz funcionar mais ativamente os chakras ou centros vitais da garganta e do alto da cabeça.

Fazendo essa mentalização diariamente, várias vezes por dia, você conseguirá realizar seus objetivos no plano físico.

– E agora, com profundo amor e reverência ao nosso Bem-Amado Mestre Maha Choham, vou repetir-lhe ainda outro ensinamento de Mestre El Morya sobre a Transmissão das Chamas, para expandir, aqui na Terra, as potentes energias irradiadas dos santuários dos Mestres Ascensionados. Graças ao seu conselho e sua orientação, esse ensinamento pode ser divulgado na Terra.

Imagine que, no centro do seu coração, existem três chamas coloridas em forma de três grandes pétalas. Uma é azul, outra é dourada e outra é rosa. Essas três Chamas coloridas formam a Chama Trina, que vive no coração de cada ser humano. Ela é a força purificadora do amor divino e da libertadora Chama Violeta. A Chama Trina desdobra-se em sete. Essa Chama Trina de nossos corações tem o poder de sublimar as energias inferiores.

Agora, fique em pé, com a coluna reta e os braços caídos naturalmente ao longo do corpo.

Respire fundo e silenciosamente pelas duas narinas.

Imagine que está absorvendo todas as impurezas do seu corpo físico e de seus quatro corpos inferiores.

Retenha a respiração o mais que puder.

Durante a retenção, imagine que está purificando essas impurezas nas Chamas Azul, Dourada e Rosa que vivem dentro do seu coração.

Exale a energia já purificada e convide-a a voltar ao seu corpo já transformada.

Retenha a respiração fora do seu corpo e envie essa energia purificada a toda a humanidade.

Assim, cada exalação purificada da sua respiração vai beneficiar toda a humanidade. Esse último tempo da respiração pertence ao Serviço Cósmico dos Mestres Ascensionados. Chama-se respiração projetada para abençoar o mundo.

Esse exercício respiratório da Transmissão das Chamas deverá ser feito todos os dias, pela manhã ao acordar.

É uma respiração dividida em quatro tempos. A inalação lhe parecerá relativamente fácil. A retenção também é simples enquanto envia seu pensamento com as energias impuras, à Chama Trina do seu coração. Na exalação, você deve prestar toda atenção quando exala a energia purificada e a convida a voltar ao seu corpo. No momento da respiração projetada você deve sustentá-la e enviá-la pura e perfeita ao mundo em geral. Portanto, pense nestas quatro fases: inalar, reter, exalar, reter. E imprescindível que tenha sobrado bastante para poder abençoar o mundo.

O último ritmo, ou respiração projetada, pertence ao uso, ou Serviço Cósmico dos Mestres Ascensionados.

Com a continuação do exercício, sua respiração ficará cada vez mais forte, e poderá, sem esforço, projetá-la tranqüilamente para trazer a bênção a você e ao seu próximo. Isso é um maravilhoso processo que a fará progredir espiritualmente e lhe trará equilíbrio e paz. Se, várias vezes ao dia – e também à noite, antes de dormir – você quiser dedicar alguns momentos a esses exercícios, você sentirá uma considerável mudança em sua vida.

Após uma breve pausa, o lama Kazi continuou:

– Segundo uma mensagem do bem-amado Mestre El Morya, "nossa vida ainda contém muitos pontos negativos de outras encarnações que poderão ser totalmente sublimados, esquecidos e apagados se usarmos intensamente, e concentradamente, a purificadora Chama Violeta". Nessa mensagem o mestre apresenta um valioso exercício de mentalização, que, com a devida vênia, passo a revelar. Em sua visualização, imagine que está segurando, com a mão direita, um archote em cuja ponta flameja uma grande Chama Violeta. Em pensamento, plante esse archote, fundo e firme, no chão. Avive, com sua respiração, o poder de atividade da Chama, até tornar-se uma gigantesca fogueira, maior do que você mesma. Agora, penetre dentro desse fogo violeta. Sinta seu vivente efeito. Como se estivesse dentro de uma fonte de calor suave e branda e sentisse penetrar em você suas irradiações benéficas e libertadoras. Elas purificam seu corpo físico e seus corpos inferiores. Dissolvem todas as trevas e máculas desagradáveis, todo desejo negativo. São, também, dissolvidos todos os pensamentos pertubadores e obstinados, mágoas e ressentimentos.

Você pode criar e manter permanentemente em seu lar um Foco de Irradiação semelhante. Sempre que desejar, poderá penetrar diretamente no Fogo Violeta e, até mesmo, apenas imaginando que assim é.

Se essa experiência for aceita positivamente pelos discípulos, então serão dados, em seqüência, outros exercícios para que a força e o poder da visualização sejam incentivados.

Repita comigo o Apelo à Tocha da Chama Violeta:

Em nome da Bem-Amada Presença Divina EU SOU,

apelo por vós, Bem-Amado Mestre Saint Germain. Neste momento eu visualizo uma Tocha de Chama Violeta (levante a mão direita como se estivesse segurando uma tocha). Esta é a Tocha que purifica a todos e a tudo...
Agora eu deposito esta Tocha de Chama Violeta aqui no solo (faça o gesto). Avivo com minha respiração o poder da atividade da Chama expandindo-se, expandindo-se, abrangendo, purificando e curando a tudo e a todos...
Entro agora no centro desta Chama Violeta (dê um passo como se entrasse realmente) e sinto esta Chama penetrando-me completamente e purificando todos os meus corpos inferiores (físico, etérico, emocional e mental) célula por célula, átomo por átomo...
Sinto também esta Chama Violeta transmutando todos os meus Carmas de vidas passadas, e da presente, curando-me de toda doença ou deficiência, renovando-me completamente, tornando-me assim, uma nova criatura em Cristo...
Agora eu retomo esta Tocha de Chama Violeta (faça o gesto) e em nome de Saint Germain eu a lanço ao Universo (faça o gesto) para que sejam purificados todos os Carmas de vidas passadas, e da presente, da humanidade em geral e sejam curadas todas as suas doenças e deficiências, de modo que, em todo lugar e em toda parte, haja perfeição, paz, sabedoria, santidade, amor, sanidade e pureza. E Assim será!
Eu vos agradeço.

Terminado o apelo, o lama Kazi sorriu, mandou que eu sentasse num almofadão perto dele e falou:

– Esta foi a fase final da tua iniciação. Agora, teu corpo é um canal da Divindade. Lembra-te sempre disto e procura conservá-lo livre, para não impedires a manifestação do Pai dentro do santuário do teu próprio ser. Já fiz descer sobre ti os fluxos cósmicos abençoadores. Assim como me iniciaram eu te iniciei. Mas não penses que atingiste o Mestrado nem que aqui termina tua iniciação. Diante de ti está o mundo e ele será teu grande mestre. Sei que mais tarde, depois que voltares ao Ocidente, sucumbirás a muitas atrações mundanas... Talvez esqueças alguns dos ensinamentos que te foram dados aqui... Para além do tempo vejo que sofrerás muitas calúnias... Traições de amor... Sentirás muita solidão... Envelhecerás sozinha... E então, depois de muito sofrer, cumprirás tua missão espiritual. Não te aflijas, porque tuas quedas são necessárias para que possas sentir a dor do erro e a doçura do triunfo... Ficarás tão só que te sentirás perdida no meio da multidão. Poucos amigos ficarão contigo... Mas tua grande salvação será a Chama Violeta... Somente ela te libertará quando chegar a hora das grandes mágoas.

Baixei os olhos, comovida, enquanto o lama prosseguia:

– Agora, vou ensinar-te uma invocação de proteção pessoal que também serve para toda pessoa que o fizer sinceramente. Trata-se do autopasse magnético de purificação com a Chama Violeta. Levanta-te e estende as mãos abertas para o alto como se estivesses recebendo bênçãos.

Agora repete em voz alta:

> Bem-Amada Presença Divina Eu sou em mim, Bem-Amado Mestre Ascensionado Saint Germain, purificai, purificai, purificai estas mãos com a transformadora Chama Violeta! (Passe as mãos da cabeça aos pés e sacuda-as enquanto diz:)
> Retirai do meu corpo toda substância impura e escura e pegajosa e transformai-a com a Chama Violeta! (Passe as mãos pelo lado esquerdo, depois pelo lado direito, sempre sacudindo os dedos e as mãos para expelir a energia negativa. Repita as palavras e os movimentos sete vezes e termine dizendo em voz alta:)
> Bem-amada Presença Divina Eu Sou em mim. Bem-amado Mestre Saint Germain, purificai, purificai, purificai esta energia e transformai-a em paz, saúde, alegria, prosperidade e sabedoria para mim e para toda humanidade!

Terminado o passe magnético da Chama Violeta, senti um grande bem-estar. Voltamos a nos sentar sobre as almofadas e o lama Kazi explicou:

– Com esse passe magnético, podemos limpar completamente nosso corpo das más vibrações. Um vidente poderá ver sair de nosso corpo uma substância escura e pegajosa que estava aderida em nossa aura. Praticando esse passe diariamente, ficaremos com nossos corpos espiritualmente limpos.

Houve um breve silêncio. Um vento suave entrou pela janela e agitou as longas mangas da túnica amarela do lama.

– Pequenina irmã, divulga esses ensinamentos nos seus escritos. Mentalizei tua vinda aqui hoje, para que, a sós, eu pudesse transmitir esta iniciação final.

– Honorável lama – disse eu –, por favor, fale um pouco mais sobre meu futuro no Ocidente!

– Pouco é o que posso revelar... Para além do tempo, meus pobres olhos vêem algumas alegrias e muitos sofrimentos... Reencontrarás aquele a quem amaste em outras vidas... Viajarão juntos por terras estrangeiras... Mas, após 20 anos, o perderás... Serás mãe de cinco filhos homens, mas todos com Carma muito curto... Terás uma linda mansão oriental, junto a um lago de lótus brancos, além das Montanhas do Poente... E a perderás... Viverás algum tempo em terras altas e frias, no teu país, numa outra mansão feita com lágrimas... Serás caluniada e traída por quase todos os amigos... Só te restará a Chama Violeta... Depois... Um dia... Irás viver sozinha, longe do lugar onde nasceste... Numa pequena cidade perto do mar, numa casinha branca e simples, rodeada de flores, trabalharás, escreverás muitos livros, sofrerás e aprenderás a ser humilde... Então um dia sairás de lá e, quando tiveres cerca de 65 anos, é possível que voltes ao Grande Além e reencontres a Paz.

E, erguendo a mão direita, o lama Kazi abençoou-me, dando por encerrado nosso encontro.

Última visão da Cidade Proibida

Deixamos Lhassa no quinto dia da Primeira Lua das Faias Amarelas. Meus pensamentos não combinavam com a luz gloriosa da manhã de sol, quando deixamos a rua Dekyi Lingka, cruzamos o mercado, as numerosas lojas do quarteirão de Cho e, afinal, chegamos às margens do rio Kyi, o Rio da Alegria. Deixávamos a cidade sagrada de Lhassa talvez para sempre, iniciando nossa longa viagem de volta.

Nosso grupo levou pouco tempo para chegar ao embarcadouro de pedra. As águas turvas do rio Kyi tinham crescido com as últimas chuvas e a corrente estava bastante forte, capaz de levar-nos num dia até a cidade de Chusul. Dali em diante, íamos atravessar cerca de 60 milhas através do rio, até chegar à junção do rio da Alegria com o rio Amarelo.

Senti uma certa nostalgia quando a grande barca quadrada começou a mover-se ao ritmo da canção bizarra dos remadores. A barca era grande, feita de madeira e pele de iaque – o boi peludo do Tibete. Tinha três cabinas e bastante espaço para nossa numerosa bagagem.

Aos poucos, a Cidade dos Deuses foi ficando distante. O grande Palácio Potala e a bela colina de Chakpori, com seu imponente Colégio de Medicina, os templos de Sera ou Cerca da Rosa-Silvestre e do Montão de Arroz, logo diminuíram de tamanho. Talvez, do alto de alguma janela do Templo de Chakpori, meu amigo e Mestre, o lama Kazi, me acenasse um adeus.

Ao longe, à direita de uma montanha azul o templo de Gandin, parecia uma jóia encravada nas pedras.

O Vale Feliz de Lhassa, a fortaleza do Nirvana sem fim desbotou, e sumiu enquanto nossa barca se afastava.

Todos nós estávamos quietos, silenciosos, olhando a poderosa corrente do rio, que pouco a pouco recobrou sua tranqüilidade. Afinal, a cidade de Lhassa ficou sendo apenas uma lembrança alegre. A barca se afastava cada vez mais e logo ficamos cercados por um deserto povoado de rochas de ambos os lados.

Um mundo de lembranças rolava por minha mente. Como numa tela de cinema, eu parecia ver tudo o que vira, aprendera e experimentara no Tibete, desde que nosso grupo deixara Gangtok, no Nepal, meses antes.

Raramente um velho sonho, quando confrontado com a realidade, não nos desaponta. Nossa viagem ao Tibete, a terra proibida dos deuses e demônios, tinha ultrapassado a beleza dos nossos sonhos.

Sem dúvida, o Tibete pode ensinar muito ao resto do mundo. Não somente seus conhecimentos ocultos, mas também sua humildade, sua inalterável alegria, seus constantes esforços em buscar mais sabedoria, em suas preces pela vinda de uma nova Era e de um novo Buda. Durante o Festival do Ano-Novo, uma das mais importantes previsões de Sidarta Gautama, o Buda, é incessantemente repetida por milhares de lamas como se fosse um encantamento mágico:

> Eu não sou o primeiro Buda que veio à Terra nem serei o último. Quando chegar o tempo certo, outro Buda virá ao mundo terreno, numa missão renovadora. Será um Ser Sagrado, Sublime, Iluminado, um incomparável líder, Senhor dos homens e dos anjos. Revelará verdades que artes não podiam ser reveladas. Pregará uma nova religião, gloriosa em sua origem e em sua meta. Ele será conhecido como Maitreya, o Buda do Futuro, o Senhor da Compaixão.

Várias semanas após deixarmos Lhassa, paramos no próspero vale de Kyi Chu, na cidadezinha de Nethang. Pela última vez, olhamos o Teto do Mundo com suas terras misteriosas e proibidas, cercadas por um oceano de nuvens, vales, montanhas e colinas.

Mahima, Vessantara e Pierre também estavam silenciosos e pensativos. Somente o novo guia da nossa caravana parecia impaciente em prosseguir viagem. Estávamos no meio do outono e as neves já tinham desaparecido. O ar era sereno e fresco e o dia aprazível. Uma súbita saudade brotou dentro de mim. Saudade daquela terra longínqua, onde tínhamos vivido muitas aventuras durante seis meses. Mas, em todo final, há um novo início.

Resolvi, então, trocar a saudade por alegre contentamento; tristeza, por alegria tranqüila, por ter tido a oportunidade de conhecer aquele mundo cheio de mistérios e magias: TIBETE.

Adendo

Muita coisa ocorreu no Oriente e no mundo, desde o dia em que deixamos pela última vez o País das Neves. Cumpre dizer que escrevi este livro há quase 30 anos, logo após minha chegada ao Brasil. Os originais ficaram guardados, adormecidos na gaveta de minha mesa de trabalho, confundidos com a minha papelada. Creio que me faltava estímulo para publicá-lo, pois sabia que naquela época o livro causaria um impacto na mente dos leitores, que faziam do Tibete uma visão de maravilha, quando a realidade é bem outra.

Hoje, resolvi trazer a público esta nova edição, acrescida de muitos ensinamentos que, antes, não podiam ser divulgados. Daquela época distante em que estive no Tibete, que evoco a cada momento, não posso deixar de assinalar o fatal cumprimento da profecia do 13º Dalai-lama, que morreu em 1924, cujas palavras transcrevo nesta obra. Como é do conhecimento geral, em maio de 1950, o Tibete foi invadido pelas tropas chinesas. O atual rei-lama, o 14º Dalai, fugiu para Tzepur – última estação antes do Himalaia – fronteira da Índia com o Tibete. Voltou de novo à sua pátria, para anos depois fugir outra vez para a Índia, em 1959, onde permanece até hoje. Essa fuga ocasionou uma forte altercação entre os governos indiano e chinês, fato que culminou com um ataque das tropas chinesas à Índia em 1962, chegando depois os dois países a um acordo de paz.

De Paris, nosso amigo Pierre Julien Lafoil envia uma reportagem sobre o último Dalai-lama, que, refugiado há 18 anos no nordeste da Índia, ainda é o chefe espiritual de 85 mil tibetanos que o acompanharam no exílio. Inicia a reportagem com a exclamação patética do próprio Dalai-lama:

"Eu sou o último Dalai-lama!"

Protegido pela polícia, por guarda-costas e pelo Exército indiano, o Dalai-lama sabe que suas esperanças de ganhar a batalha pela volta ao Tibete são remotas. O rei-deus, atualmente com 41 anos, diz que será o último da sua espécie, e que a era dos reis-deuses terminará com ele.

O cenário onde ele vive parece saído de um conto de fadas: acolchoado de nuvens flutua no céu de um azul pálido maravilhoso. No ponto de encontro entre o céu azul e a terra, enormes montanhas nevadas brilham na luz branca e dourada do entardecer. Da colina poeirenta que atravessamos, sobem, ocasionalmente, algumas vozes e latidos de cães. São os *Lhassa-apso* – os cães sagrados do Dalai

Fora isso, tudo é silêncio. Perante nossos olhos, erguem-se colinas verdejantes, por trás das quais se elevam gigantescas montanhas de gelo cristalino. Numa dessas colinas, fica a casa do Dalai-lama, tão inacessível, aparentemente, como um ninho de águia. Mas o castelo desse conto de fadas é uma verdadeira armadilha. A estrada na montanha é íngreme e tortuosa. Conduz à casa de telhado verde e termina num beco sem saída. A estrada é tão estreita que um único soldado armado pode bloqueá-la completamente.

Há, nos arredores, muita gente armada. Por toda parte, soldados, soldados e mais soldados. A estrada atravessa 18 quilômetros de território militar. Depois, vem um vilarejo, onde a polícia secreta se sente perfeitamente em casa.

O nome do vilarejo é Dharamsala, o que, na linguagem budista, significa uma casa que pode ser utilizada por qualquer peregrino – uma casa-asilo – para o mais pobre dos fiéis. Em Dharamsala vive um homem que os budistas consideram o ser mais crente de todos os crentes, o Dalai-lama, o rei-deus dos tibetanos. Ele e 10 mil de seus adeptos fugiram em 1959 do exército de ocupação da China comunista, indo para a Índia. Há duas versões. Segundo uma dessas versões, os anfitriões indianos teriam trazido o Dalai-lama para aquele vilarejo isolado no nordeste do país para protegê-lo da eventual vingança dos agentes chineses. Mas, de acordo com a outra, os indianos teriam enviado esse hóspede eminente àquele lugar afastado para que sua presença não atrapalhasse as negociações de paz entre a Índia e a China comunista.

O Dalai-lama não governa mais o Teto do Mundo, mas vive praticamente enclausurado naquela floresta de ares puríssimos. E não pode sair de lá, a não ser quando o protocolo o permite. O protocolo é o governo da Índia, que cuida do Dalai. A Índia não reconhece o governo no exílio do Dalai-lama, como, aliás, não o reconhece nenhum país do mundo.

Mas o governo indiano se sente responsável por ele. Paga-lhe uma diária de cerca de 20 rúpias (1 Real) e põe à sua disposição os soldados e a polícia secreta que guardam sua residência, chamada ***Barco da Fé,*** 24 horas por dia.

É a única casa que não tem número. Os tibetanos compraram-na de um rico comerciante indiano, com toda a preciosa mobília antiga. Ela comporta dependências para empregados e um templo, anexo às celas de um mosteiro. A casa, sozinha, é um verdadeiro povoado, e em tibetano é chamada ***Thekchen Choeling - O Barco da Fé.*** A julgar pela quantidade de soldados, deve ser um verdadeiro barco de guerra também...

Um soldado indiano, magro e moreno, usando um turbante amarelo, é o primeiro a nos barrar o caminho. Três guarda-costas do Dalai se aproximam. Na casa de guarda estão sentados três agentes da polícia secreta indiana. Somos obrigados a preencher questionários, explicando o sentido e o objetivo de nossa visita ao Dalai. O questionário deve ser preenchido em três vias. Depois disso, os guarda-costas nos acompanham até à sala de audiências. De longe, e muito discretamente, somos seguidos por agentes indianos à paisana, os quais, por sua vez, são seguidos por tibetanos, disfarçados à sombra de árvores que exalam um perfume intenso.

E então, de repente, há paz e silêncio. Ao fundo,

homens de cabeça descoberta e túnicas amarelas passam silenciosamente. Uma lareira de ferro está acesa no centro da sala de audiências. Dharamsala está situada a 1.800 metros de altitude.

São exatamente 10 horas da manhã. Na sala de conferências, à nossa direita, outra lareira de ferro acesa. Há quatro homens esperando, com seus uniformes surrados de algodão azul-cinza. Estão sentados num sofá acolchoado cheio de almofadões.

O ministério do governo do Tibete no exílio está em sessão.

Entre os ministros da Segurança, Religião, Finanças, Economia e Educação está sentado Sua Santidade, o Dalai, chefe espiritual e ao mesmo tempo Primeiro-Ministro.

Com sua túnica cor de vinho sem mangas, sua estola de seda amarela sobre o ombro direito, seu relógio de pulso suíço, o 14° Dalai-lama é o único ponto colorido nessa conferência de personalidades grisalhas.

O pulso apoiado na testa, o braço direito mostrando as marcas de varíola, ele é a própria imagem de *O Pensador*, de Rodin. Nenhum gesto, nenhum sussurro. Os ministros fazem exposições sobre o déficit do orçamento; os trabalhos de reparação necessários; as perspectivas de penúria na Colônia de Mysor, no sul da Índia. Eles falam em tibetano e Tenziri Geyche, o secretário particular do Dalai dá algumas breves explicações sobre o que está acontecendo na reunião. A julgar pelos semblantes fechados dos ministros, eles parecem estar tratando do bem-estar universal. Nada indica que eles não representam os 6 milhões de tibetanos, ainda que, na realidade, eles só governem seus 85 mil súditos que fugiram para a Índia. São homens do antigo regime. Ocasionalmente, o Dalai surpreende quando toma a palavra. Ele levanta a cabeça e fala num tom suave, mas intenso, como se estivesse cantando uma canção. Vai sublinhando as palavras com seu indicador direito e algumas vezes explode em gostosa gargalhada.

Os ministros tomam a liberdade de sorrir. Antigamente, em Lhassa, capital do estado feudal do Tibete, eles não ousariam nem mesmo levantar os olhos para o Dalai. Somente os membros das três mais altas das sete classes nobres tinham permissão de se dirigir ao rei-deus no trono do Leão e, naturalmente, somente quando eram especialmente convidados. Dezoito anos no exílio não podem extirpar uma tradição que, durante 400 anos, foi fortalecida pela fé e pela lei. Esse homem, que parece ser humano, é, na realidade, segundo a crença tibetana, a encarnação do deus Avalokiteshvara, o deus da Bondade e da Misericórdia. Mesmo os ministros às vezes se prostram aos seus pés.

É possível que tudo isso represente para o Dalai um grande peso. Quando ele tinha uns 14 ou 15 anos, e já era considerado como rei-deus, tomou plena consciência da realidade do mundo moderno ao inaugurar a luz elétrica e a energia na cidade medieval de Lhassa. Por essa ocasião, ele pôde assistir a alguns filmes ocidentais, coisa absolutamente inédita no Tibete, e notou então o quanto seu regime era ultrapassado. Atualmente, ele retira delicadamente os pés do alcance de todos os crentes que fazem menção de querer beijá-los, e ajuda rapidamente o fiel a se levantar.

Os políticos tibetanos da velha-guarda vêem com maus olhos essa mudança no protocolo. Eles continuam apegados aos velhos costumes e estão dispostos a fazer por eles os maiores sacrifícios. Os salários dos que servem ao governo tibetano no exílio são tão baixos que os próprios ministros são às vezes obrigados a vender algum tesouro de família que conseguiram levar consigo, para poder fechar o balanço do fim do mês.

O Dalai parece cansado da tripla função que tem de exercer, como deus, sumo-sacerdote e primeiro-ministro. Durante sua última aparição pública, no festival de ***Kalachakra*** (Roda do Tempo) na província de Ladakh, no Himalaia indiano, ele provocou um choque nos 25 mil peregrinos, ao insinuar que talvez não pudesse mais permanecer muito tempo entre eles. Os assessores logo espalharam que, com aquela frase, Sua Santidade não quisera referir-se à morte, mas apenas a um regime de enclausuramento ainda mais severo. Mas a declaração chocou. Uma coisa é certa: o Dalai ainda continua cumprindo sua tripla função, mas com muitas restrições. E, assim mesmo, somente porque seu povo quer que ele continue a exercê-la e porque o destino do Tibete e o da minoria sem lar que ele governa o exigem. Quando ele diz que será o último Dalai-lama, tem perfeita consciência do que está afirmando. Ele sabe que aquela situação não pode continuar e que seu povo deve ir se acostumando, aos poucos, à transição.

O Dalai nasceu no Tibete, numa atmosfera inteiramente medieval, e conseguiu, por seu próprio esforço, adaptar-se à realidade do mundo atual. Os observadores acreditam piamente, que, mais cedo ou mais tarde, ele voltará ao Tibete. Ele representa, na realidade, para o país, a imagem do pai responsável, em quem todos podem ter confiança, e só ele pode reunificar esse povo profundamente dividido.

Quando o 13º Dalai morreu, dizem que sua cabeça se inclinou subitamente em direção ao leste. Isso foi considerado como um primeiro sinal das mudanças radicais. Mais tarde, nasceu um cogumelo numa das pilastras do Palácio Potala e começou a crescer inclinado para o leste. Um monge teve a visão de uma casa refletida num lago, de onde, em princípio, deveria sair a reencarnação do novo Dalai. Essa casa foi encontrada e também o menino de cinco anos que subiu ao Trono do Leão do Tibete em fevereiro de 1940, o Ano do Dragão de Ferro, como o 14º Dalai.

Mas, segundo a profecia do próprio 13º Dalai, ele seria o último rei do Tibete e o 14º Dalai seria um falso rei.

Contudo, o Ocidente recebeu o 14º Dalai como um filho perdido, por ocasião de sua fuga para a Índia. O mundo moderno vive de publicidade. O atual Dalai – falso ou não – também tem de fazer a própria publicidade em favor do seu povo. Com esse objetivo, ele procura se mostrar e revelar o lado desconhecido da intimidade do rei-deus. É unicamente assim que se pode explicar o fato de ter consentido que uma equipe de jornalistas europeus e americanos o tenha acompanhado durante vários dias na intimidade de seu palácio-templo, mesmo nos aposentos privados que ninguém antes pudera visitar, e tenha visto o Dalai, sentado com as pernas cruzadas, em seu escritório, alimentando seus pássaros de estimação; repousando em seu leito simples e austero, protegido por uma rede de algodão e plástico. Ou com sua mãe e seu irmão, que é tenente pára-quedista do Exército indiano. O Dalai lançando repelentes contra insetos e tomando Ovomaltine para restaurar as forças; rezando de chinelos; brincando com relógios antigos ou tomando suas refeições.

Ele trata com carinho as criaturas e as flores. Para um fotógrafo que caminhava descuidadamente pelo jardim, ele exclamou delicadamente: 'Por favor! Não pise aí. É um canteiro de flores e eu acabei de semear tulipas'.

Numa jaula há um coelho branco.

– Foi minha irmã quem me deu. Prefiro outros animais, como gatos, porque são limpos e meio selvagens – diz o rei-deus.

Quando um fotógrafo pediu para fotografar a palma de suas mãos, o Dalai ficou nervoso: 'Para quê? Você quer mostrar as linhas de minhas mãos a alguém, para saber quanto tempo tenho ainda de vida?'.

E fechou as mãos num gesto decidido.

Com o passar do tempo, sua desconfiança foi aumentando, porque, segundo dizem, quando era mais novo, ele confiou, um dia, cerca de um milhão de cruzeiros a um homem de negócios indiano para 'um investimento seguro' e o homem desapareceu para sempre. O Dalai tem de financiar seu governo no exílio, e está à beira da falência. Sua decepção é muito grande. 'Apesar de tudo' diz ele, 'temos que agüentar firmes. Estamos investindo na Índia o que conseguimos trazer. Esperamos poder recuperar tudo isso para voltarmos à pátria. O tempo não tem importância'.

O Dalai-lama mantém um relacionamento especial com o fator tempo. Quando dispõe de uma pequena folga, seu divertimento preferido é consertar relógios. Para isso possui um jogo completo de ferramentas especializadas. Quando tenta colocar uma lente de aumento no mostrador de um relógio fica rindo de prazer, como uma criança.

A isso ficou reduzido o rei-deus do Tibete. Onde estão os seus tão propalados poderes supranormais? Onde sua grande sabedoria?"

Sem dúvida, tudo acabou. Hoje, obedecendo ao ciclo da evolução espiritual, podemos dizer sem medo de errar: "é do Ocidente que virá a luz!".

Estávamos terminando a revisão deste livro, quando lemos em conhecido jornal brasileiro, datado de 26 de janeiro de 1979, a seguinte notícia vinda da Índia através da agência informativa UPI:

"**DALAI-LAMA ACEITA NEGOCIAR COM A CHINA SOBRE O TIBETE**

NOVA DELI (UPI) – O Dalai-lama, líder budista do Tibete, que vive há vários anos no exílio, declarou que deseja discutir os problemas daquela região com as autoridades chinesas, mas revelou que não voltará enquanto as condições de vida do povo tibetano não melhorarem. 'Se os chineses quiserem realmente encontrar uma solução para o problema do Tibete, eles terão que discutir a questão diretamente com os dirigentes tibetanos, em vez de propagar no Ocidente que tudo está bem' – declarou o Dalai-lama durante uma breve visita à cidade de Nova Deli.

Em março próximo, será comemorado o 20º aniversário do levante do Dalai-lama contra os chineses no Tibete – área que Pequim sempre reivindicou como parte de seu território – e de sua fuga para a Índia, onde vive desde então.

Os dirigentes chineses anunciaram que autorizarão

o regresso do Dalai-lama. Recentemente, concederam vistos de entrada a 15 refugiados tibetanos, que viviam na Índia e desejavam voltar à China, para visitar parentes. A concessão dos vistos gerou especulações no sentido de que os refugiados poderiam ser emissários do Dalai-lama, que negociariam com as autoridades chinesas.

Durante os dois dias que permaneceu na cidade de Nova Deli, de onde seguiu mais tarde para acampamentos de refugiados tibetanos em outras áreas da Índia, o Dalai-lama sustentou que seus planos de voltar ao Tibete continuam inalterados, isto é, condicionados ao melhoramento das condições de vida dos tibetanos que vivem na região".

❄ ❄ ❄

Possivelmente essas condições de vida melhoraram, pois soubemos que o Dalai-lama já voltou para o Tibete.[7] Se isso for verdade, o Dalai provavelmente não terá nas mãos o governo do País das Neves. Será um títere político, conforme foi previsto pelos antigos astrólogos tibetanos, que também previram a III Guerra Mundial entre 1982 e 1985. Previram ainda muitos conflitos no Ano da Ovelha (1979), porque o planeta Urano compartilha com Mercúrio a regência desse ano.

Urano é o planeta revolucionário, que rege Aquário, o signo que dominará sobre a próxima era e que é chamado o Signo da Esperança, na astrologia esotérica. Sob a regência de Urano são gerados os grandes movimentos para regenerar ou renovar a humanidade. E já estamos sentindo as primeiras irradiações eletromagnéticas de Aquário-Urano.

Na Ásia já começou a guerra entre a China e o Vietnã. O governo chinês acha que ainda não cumpriu o objetivo

7 Por motivos politicos o Dalai-lama não voltou a morar no Tibete. Vive hoje, com seus ministros e alguns nobres, num palácio nas montanhas da cidade indiana de Darjeeling. Este palácio lhe foi presenteado pelo Governo da Índia.

de castigar o Vietnã por seu ataque ao Camboja e não pretende retirar, por enquanto, suas tropas. Para os analistas políticos, a questão crucial do conflito sino-vietnamita é saber se os chineses se retirarão do Vietnã antes que a Rússia se sinta na obrigação de intervir em apoio ao seu aliado. Alguns observadores norte-americanos acham que Pequim poderá retardar sua retirada, ao máximo, até o momento em que não restar outra opção à Rússia senão intervir militarmente.

Acontece que a China é regida por Vênus-Libra, e foi a Pátria-Mãe das Artes no Oriente. Mas a Rússia é regida por Aquário-Urano.

As grandes crises que o mundo atravessa são necessárias para o advento de um novo ciclo.

Isso nos faz recordar as palavras do escritor Afonso Schmidt, no seu livro ***Zanzalás, uma Novela dos Tempos Futuros***:

"Então o Mestre lhe mostrou uma jaula transparente, imensa como um planeta, que se estendia pelo interior da Terra. As grades eram feitas de matéria luminosa, que as sombras prisioneiras não podiam forçar.

Sabe o que é isto?

– Não.

– Nesta jaula a Divindade mantém os espíritos planetários que nós, na Terra, chamamos maléficos. Quando a humanidade estaciona e é incapaz de evoluir de acordo com as leis do Amor, a Divindade abre esta jaula e solta algumas das potências das Trevas. Elas se precipitam sobre a Terra e encarnam entre os homens. São elas que fazem as guerras, que desencadeiam os crimes e as baixas paixões, os déspotas e perseguidores. Revolvem o mundo como se ele fosse um grande caldeirão. Aqui na jaula se encontram os Herodes, os Átilas, os Neros, os Papas perversos, todos os que oprimiram e ensangüentaram a Terra. Quando a humanidade pára no meio do caminho evolutivo, é preciso sacudi-la, agitá-la, como se faz com um rebanho indolente.

Quando essas almas más se incorporam entre os humanos, há uma espécie de pânico universal. Então, a evolução se precipita, os fracos morrem, os fortes lutam e alcançam a evolução. Muitos dos que aqui se encontram perseguiram Jesus, o Cristo, provocaram as Cruzadas, perseguiram os cavaleiros Templários, agiram na Revolução Francesa, espantaram os séculos passados..."

Será isso que está acontecendo agora no Extremo Oriente?

A atual desordem energética mundial, será capaz de fazer ressurgir os quatro Cavaleiros do Apocalipse?

"Quem é digno de abrir o Livro dos Mistérios?

– Ninguém – disse Jesus –, nenhum ser no Céu, nem na Terra, nem debaixo da Terra..."

Mistérios e Magias do Tibete
foi confeccionado em impressão digital, em março de 2025
Conhecimento Editorial Ltda
(19) 3451-5440 — conhecimento@edconhecimento.com.br
Book Paper Norske Skorg 65g